德州学院学术著作出版基金资助

新时代地方本科院校“双师型”教师队伍建设研究

崔静静　龙娜娜　房　敏　仇晓燕　著

北　京
冶金工业出版社
2020

内 容 提 要

本书借鉴澳大利亚和德国职业教师建设的成功经验，通过典型案例分析，并借助教育学、管理学和人力资源管理等相关理论进行多视角的研究，从政府、高校、教师、企业四个主体层面提出转型背景下我国“双师型”教师队伍建设的对策。即：政府应规范与完善应用型人才培养要求的“双师型”教师制度体系；新建本科高校主管部门应坚持“分类施策”原则，大力加强地方“双师型”教师队伍建设；教师应积极提高以“双师”为标准的素质和能力；以及校企联合培养“双师型”教师。

本书可供大中专院校教师、从事高等教育研究的专家学者及高等教育专业的研究生阅读参考。

图书在版编目(CIP)数据

新时代地方本科院校“双师型”教师队伍建设研究／崔静静等著．—北京：冶金工业出版社，2020.11

ISBN 978-7-5024-8634-1

Ⅰ.①新…　Ⅱ.①崔…　Ⅲ.①地方高校—师资队伍建设—研究—中国　Ⅳ.①G645.12

中国版本图书馆 CIP 数据核字(2020)第 211247 号

出 版 人　苏长永
地　　址　北京市东城区嵩祝院北巷 39 号　邮编　100009　电话　(010)64027926
网　　址　www.cnmip.com.cn　电子信箱　yjcbs@cnmip.com.cn
责任编辑　张熙莹　美术编辑　彭子赫　版式设计　禹　蕊
责任校对　郭惠兰　责任印制　李玉山
ISBN 978-7-5024-8634-1
冶金工业出版社出版发行；各地新华书店经销；北京中恒海德彩色印刷有限公司印刷
2020 年 11 月第 1 版，2020 年 11 月第 1 次印刷
169mm×239mm；10 印张；205 千字；151 页
59.00 元

冶金工业出版社　投稿电话　(010)64027932　投稿信箱　tougao@cnmip.com.cn
冶金工业出版社营销中心　电话　(010)64044283　传真　(010)64027893
冶金工业出版社天猫旗舰店　yjgycbs.tmall.com

（本书如有印装质量问题，本社营销中心负责退换）

前　言

新时代背景下，我国高等教育迎来了新的发展契机。向应用型转变是国家经济社会发展和中国高等教育战略对地方本科院校提出的根本要求，也是地方本科院校自身发展的一次重大历史机遇。这是我国继20世纪90年代开展高等教育体制改革和结构调整之后又一项涉及我国高等教育改革发展全局的重大改革举措，实现了内循环发展为导向的根本性转变。这种转变是践行性的、扎根性的、求变性的，是内在机理与外在目标的有机统一。在高等教育普及化阶段，转型发展是关系到地方本科院校能否生存、能否可持续发展的大问题，因而地方本科院校具备转型发展的内生动力。

2014年国务院颁布《关于加快发展现代职业教育的决定》和《现代职业教育体系建设规划（2014～2020年）》，引导一批普通本科高校向应用型转型，重点之一即教师队伍的转型。2015年《教育部、国家发展改革委、财政部关于引导部分地方普通本科高校向应用型转变的指导意见》（教发〔2015〕7号）提出要加强“双师双能型”教师队伍建设，以“双师”建设为重点，强化师资队伍发展。同时，地方本科院校的办学定位突出服务区域经济和社会发展，突出培养应用型人才，而建设一支结构优化、能力突出、实操过硬和与时俱进的“双师型”教师队伍是培养高质量人才的关键，是培养地方性、应用型人才的中坚力量，也是新时代高校教育最关切的研究课题之一。

在此背景下，本书以地方本科院校为研究对象，结合新时代对高校教师队伍的内生性要求，对“双师型”教师队伍开展深度研究，梳理其发展历程、分析现状特征、存在问题、积极寻求相关的解决方案等。作者总结、借鉴了发达国家职业教师发展的经验，期望能为地方高校多层面、宽口径“双师型”队伍建设提供政策对策与实践思考，能对提高地方本科院校教育教学质量和水平、深化地方本科院校的内涵建设提供些许启示。本书可供大中专院校教师、从事高等教育的工作者以及高校教育专业的本科生、研究生阅读参考。

本书部分章节撰写得到了龙娜娜、房敏、仇晓燕等教师合作团队成员的大力支持，他们分别承担了第二章、第三章、第五章以及第六章的部分内容。同时，本书在写作过程中得到了省内外专家、同行的指导和帮助，在此表示衷心的感谢！

本书为山东省社科规划课题“‘一带一路’背景下商务英语专业‘双师型’教师队伍建设研究”（17CYYJ01）结项成果；山东省教育规划课题“应用型地方本科院校‘双师型’教师队伍建设研究”（YC2017067）结项成果；以及校级课题“基于应用型人才培养的商务英语专业‘双师型’教师队伍建设研究”（2018033）结项成果。

由于作者水平所限，书中不足之处，恳请专家学者、学界同仁及广大读者予以批评指正！

作　者

2020 年 10 月

目　录

1 绪　　论

1.1 研究的背景

一所高校最重要的资源毋庸置疑是人力资源，师资队伍居于人力资源的核心地位。对此教育界的许多前辈都曾有过关于一所大学师资重要性的论述。原清华老校长梅贻琦先生说："大学者，非大楼之谓也，乃大师之谓也。"美国哈佛大学前校长科南特也曾经说过："一所大学中重要的不是大楼建设的好与坏，人数的多与少，而是它教师的水平。"这说明大学教师队伍的质量直接影响高等教育质量，关乎国家民族命运，东西方在这一点上早已达成共识。

教师作为立教之本、兴教之源，肩负着重大的历史使命，承载着国家与民族的明天。教师队伍建设是推动教育现代化、建设社会主义教育强国的根本保障。自党的十八大以来，习近平总书记针对高校教师队伍建设提出了一系列新思想、新观点、新论断、新举措，为高校教师队伍建设指明了方向，也体现了我国高校教师队伍建设的新特征。不仅为加快推进高校教师队伍建设提供了新思路，也为新时代高校促进教师发展提供了思想指导和实践遵循。随着科学技术迅猛发展，世界各国比以往都更重视教育在整个国家的地位，教师作为衡量教育质量的重要保障，决定着教育事业的蓬勃发展、焕发出生机与活力，因此，教师队伍建设也成为各国教育教学改革的关键。我国坚持优先发展教育事业，因为建设社会主义教育强国与实现中华民族伟大复兴梦紧密相连，教师强则教育强，教育强则国家强。高校应立足全新的时代方位，准确把握新时代高校教师队伍建设的新特征，积极推进高校教师队伍建设[1]。

2018 年 5 月 3 日，习近平总书记在北大建校 120 周年校庆之际，与北大学子座谈会时提到："从五四运动到中国特色社会主义进入新时代，中华民族迎来了从站起来、富起来到强起来的伟大飞跃。""党和国家事业发展对高等教育的需要，对科学知识和优秀人才的需要，比以往任何时候都更为迫切。"新时代背景下，弄清培养什么样的人，怎样培养人就成为直接关系到中国特色社会主义事业建设成败的重要因素。对此，习总书记明确提出："我们的教育要培养德智体美全面发展的社会主义建设者和接班人。""既要有高尚品德，也要有真才实学。""是我国各级各类学校的共同使命。"高校作为专业性人才培养的主阵地，也必须抓住这个根本。抓住这个根本就为学校人才培养指明了方向。但是要在方向指引下，落实人才培养，关键还要靠教师队伍的建设。没有高水平、高素质的教师队伍，高质量的人才培养只能是缘木求鱼。新时代中国特色社会主义建设事业的推进，对高等教育的人才需要是多元化、多层次的，不仅需要学术型人才，夯实理论研究和基础研究，也需要应用型人才，开展应用研究和创新实践。特别是随着国家供给侧结构性改革和区块链产业结构的优化调整，国家对应用型人才的需求越来越迫切。而应用型人才培养的关键在于拥有一支数量充足、结构合理、素质全面的双师型教师队伍作保障。作为应用型人才的生力军，地方本科院校加强双师型教师队伍建设的研究和实践也就成为其内涵发展的应有之义。因此，本研究以地方本科院校双师型教师队伍建设为题进行全面而深入的研究是契合新时代思想对高等教育发展的战略诉求的。

1.1.1 经济结构转型的需要

20 世纪末到 21 世纪初，我国经济发展迅速，国民生产总值以 8% 的速度稳步增长；同时，经济结构也发生了变化，我国经济开始由粗放型向集约型转化，由过去的依靠劳动力数量向依靠先进科技和工艺转化。20 世纪 90 年代，我国的高等教育在社会转型背景下迎来了重大变革——实行扩大招生政策，我国进入了高等教育规模急剧扩张的阶段，即由精英教育向大众化教育转变。在这一转变进程中，尤其是自 1998 年以来，我国实施高等教育体制改革和结构调整，一大批专科学校通过合并、重组或独立升格成为地方本科院校。之后，新建地方本科院校数量急剧增加。有数据显示，2018 年，全国共有高等学校 2940 所。其中，普通高等学校 2663 所（含独立学院 265 所），比上年增加 32 所；普通本科院校 1245 所，比上年增加 2 所；高职（专科）院校 1418 所，比上年增加 30 所；成人高校 277 所，比上年减少 5 所。截至 2020 年 6 月 30 日，全国高等学校共计 3005 所，其中，普通高等学校 2740 所，含本科院校 1258 所、高职（专科）院校 1482 所，成人高等学校 265 所[2]。可以说，我国高等教育总体规模的增长主要是由新建地方本科高校完成的，新建地方本科高校已经成为我国高等教育体系中的重要主体。

现阶段，培养更多更优秀的应用型专技人才、推进科学技术的发展，为社会主义现代化建设提供充足的动力与人力资源支持是我国高等教育的基本职责。因此，高等教育的未来发展状况对于社会进一步发展发挥着重要作用，高等教育承担着人才培养的重任，人才培养的质量直接关系着整个国家的全面发展。

在社会主义现代化建设进程中，新建地方本科院校的发展水平将极大地影响着我国高等教育的整体发展水平。然而，在我国经济发展进入新常态、人才供给与需求关系深刻变化、社会经济结构深刻调整、产业升级步伐加快的背景下，我国高等教育出现了结构性矛盾突出、同质化严重、大学生毕业后难以就业、用人单位招人难的状况。就业难、用工荒反映出人才培养的结构和质量不适应经济结构调整和产业升级的需求[3]。我国的人力资源呈现出的结构性矛盾，具体来说就是社会发展需要具备实践应用能力和高级技术的专门人才，但高等教育培养出的人才多数只具备基础理论知识而不了解先进技术，这种人才的不对称影响了人力资源与社会需要的对接和经济结构的转型[4]，长此以往将影响我国的经济发展和综合国力。当我们将眼光投向欧美一些发达国家时不难发现，这些国家将本国经济结构的特点与高等教育紧密结合在一起，学术型人才和应用型人才比例比较协调。比如德国现在的人力资源结构是：22%的学术型人才和78%的应用型人才；瑞士的人力资源结构与之类似，应用型人才的比例甚至达到了82%。这些都说明了社会经济的发展需要更多的应用型人才，而高等教育的发展应需尊重社会发展的规律及其特点，并与之相适应[5]。这也从另一个方面说明我国急需大量的应用型人才。而培养兼具扎实的理论功底和实践经验丰富的"双师型"教师队伍是新建地方本科高校应用型、技能型人才的培养的保障。因此，我国经济结构转型升级需要新建本科高校造就一支具有工匠精神的"双师型"教师队伍，且需求日益增长。之前职业教育的重点在于大力培养高职高专"双师型"教师，随着经济发展的变化扩大到大力培养新建地方本科院校"双师型"教师。目前来看，"双师型"教师的数量还远远不能满足经济发展形势的需要，新建地方本科转型院校"双师型"教师队伍建设应该如后浪推前浪，如火如荼起来。

为解决上述困境，《国家中长期教育改革和发展规划纲要（2010～2020年）》（以下简称《纲要》）明确提出："要根据国家和区域经济社会发展需要，建立动态调整机制，不断优化高等教育结构，优化学科专业、类型、层次结构，促进多学科交叉融合，重点扩大应用型、复合型和技能型专门人才的培养规模。"[6]2014年3月22日，教育部副部长鲁昕在中国发展高峰论坛上表示：将新建地方本科院校转型到高等职业教育轨道，实施本科层次高等职业教育[7]。作为我国高等教育重要主体的新建地方本科院校，逐渐向应用技术型大学转型，这将成为今后一段时期其加强自身内涵建设的必经之路，也必将成为我国社会经济结构转型升级、高等教育结构调整的最佳切入点。

新建地方本科高校转型发展，是我国自20世纪90年代开展的高等教育体制改革和结构调整之后关系我国高等教育改革发展全局的又一项重大改革举措[8]。因此，2014年6月，国务院出台了促进现代职业教育发展的有关规定。教育部联合国家发改委、财政部经过长时间的讨论与论证，在2015年10月共同出台了针对一些地方普通本科学校转型为应用型学校的《关于引导部分地方普通本科高校向应用型转变的指导意见》，这项文件指出：具备相应条件的地方普通本科学校要积极、尽快加强应用型教育，向应用型教育转变。自此以后，地方普通本科学校转型问题成为国家战略的新问题，从国家战略的视角指导地方普通本科学校转型发展。同时在学术界与教育界关于此问题的研究广泛开展。文件还继续强调了

“双师型”教师队伍建设的重要性。学校分批次地选送教师到企业参加培训、挂职锻炼，通过教学评价、绩效考核、职务（职称）评聘、薪酬激励、校企交流等制度改革，提高教师增强实践能力的主动性、积极性。目前无论是学术界还是实务界对于“双师型”教师的定义还没有达成一致，对于建设一支高水平“双师型”教师队伍的方式的研究尚处于探索阶段。作为师资队伍建设重要一环的培训，尤其是对于新建地方本科院校转型为应用型本科院校的“双师型”师资培训的现状、存在的问题和困难以及如何解决等有待进一步研究。

1.1.2 地方本科院校转型的需要

新建地方本科院校是在我国经济高速发展背景下，大部分本科院校为了适应经济转型和市场导向的经济结构而向应用技术大学转型过程中产生的新事物。

学术领域对于新建地方本科院校众说纷纭。从发展历史来看，新建地方本科院校多为由地方的专科学院、高职高专经过重组、合并后升格产生的普通本科院校。在 1998 年教育体制改革后，此类院校如雨后春笋般竞相出现。这些院校由省市地方政府管辖，与地方发展相关联，为地方经济发展服务。这些院校建校时间较短，发展势头良好，具备很大的发展潜力，在许多方面面临重新定位，应探索具有地方特色的办学方向和发展道路。新建地方本科院校以培养高水平的复合型、应用型人才为目标，与其他高等职业院校不同，在办学层次和办学目标上有所提升。

从 2000 年截至目前，山东省新建地方本科院校共有 28 所。转型发展已成为当前和今后一段时期内高等教育领域综合改革、推进教育体系现代化的一项重要任务。在新时代背景下，新建地方本科院校向应用技术型大学转型，“双师型”教师队伍建设问题就显得尤为迫切和重要，它也包含在转型的内涵之中，更是衡量转型是否成功的重要指标。培养应用型、复合型人才是应用技术大学的目标。为了完成这一目标，新建地方本科院校应统筹布置、全面谋划各项工作。形成一支数量足够、质量优异的“双师型”教师队伍是各项工作中的重点。正如 Michael Shattock 所说：“如果有一种方法可以创造出成功的大学，这个方法就在于教师的聘任。”[9] 教师是最直接面对学生的群体，然而新建地方本科院校教师大多从校门到校门，从理论到理论，实操能力和实践经验的缺乏，使他们很难肩负起培养应用型人才的艰巨任务，因此，新建地方本科院校迫切需要建设一支数量充足、质量优良的“双师型”教师队伍。

新建地方本科院校的转型，必然离不开教师队伍的转型，建设“双师型”教师队伍是学校经历变革后必然的选择。教师队伍转型对新建地方本科院校的办学格局、办学思路和发展前景有着重要的影响，一定程度上来讲，这种影响是基础性的。因为教师是人的因素，是高校转型发展的主题，教师队伍的转型是高校转型的重要体现，也是高校转型的基本推动力量[10]。

目前来看，新建地方本科院校教师队伍的转型未达到预期的效果，不能满足应用型人才培养的需要。主要有以下几个方面的原因：一是具备实践能力的“双师型”专兼职教师缺乏。新建地方本科院校在选拔聘任专职教师时仍然侧重于理论知识传授能力的高学历人才，而对教师的专业技能和实践方面的经历没有太多要求。由于在教师招聘方面均要求具有硕士及以上学历，这使得刚刚毕业就走上教师岗位的毕业生出现“从学校到学校，毕业即教书”的状况，大多数理工科的教师普遍缺乏专业实践经验。同时，拥有生产一线实践经验的工程技术人员以及专业技术人员却往往因为学历的限制而无法实现进入高校任教的愿望。

二是教师队伍的结构问题突出。新建地方本科院校的形成和发展不尽相同，但大部分是积极响应国家政策号召由多所专科学校合并升本或单独升本成立的。由原来的专科学校升为本科院校后，出现了一些师资方面的匮乏和结构不适应等的状况。为了达到国家关于本科高校设置的要求，同时也为了迎接各类检查评估，新建地方本科院校大量引进教师，这种突击性的引进虽然大大提升了教师数量，体量极大地增长了，但也引起了一些后续的问题，比如教师总体质量不高、结构性失调等问题，年龄结构、学科专业结构、学历结构以及职称结构的不平衡等。

三是教师的实践操作能力不强。转型院校引进教师时更加看重他们的学历，而轻视实操能力，对教师的考评也主要侧重于教学能力。从高校出台的人才引进条件和考核标准来看，体现了作为“师”的考核，而在实践能力或者工程能力的“能”上并没有得到体现。大多数毕业生在院校招聘考核合格上岗后，只注重书本内容的讲授而忽略了对学生专业实践技能的演练，逐渐偏离了本职是培养应用型人才的目标和注重实践操作技能的培养。从目前各院校“双师型”教师建设的整体情况来看，教师的实践操作能力不强，有待进一步提高。

四是校企合作无法落地生根。一方面，高校为了满足应用型人才培养的需要，尤其是对工科等实践性较强的专业而言，提高教师的工程实践能力，急需派教师下企业锻炼，但很多校企合作只是流于形式或浮于表面，很多工作难以真正落实和开展。另一方面，由于学校没有制定完善的引导和保障教师进行企业实践的政策和制度，使得教师进企业锻炼的积极性不高，双师素质的提高短期内难以实现。

1.1.3 应用型人才培养的需要

我国高校毕业生人数逐年增加：1949 年的高等学校毕业生为 2.1 万人，恢复高考的第二年毕业生为 16.5 万人，2019 年的高校毕业生已经达到 834 万人，毕业生人数是1949年的397倍，是恢复高考起始时的50倍。从1998年开始，中国每年的高校毕业生都逐年增长，从1998年的82.98万人直线上涨到2020年的874万人，在这短短的21年的时间涨了10倍之多，并且还在保持增长的趋势。在线高等教育的录取率已经达到了75%，比1998年翻了1倍多，比刚恢复高考时的录取率翻了15倍[11]。

由图1-1可以看出，2010～2020年10年间我国高校毕业生人数不断增加，2019年全国普通高校毕业生834万人，比2018年增加14万人；2020年全国普通高校毕业生规模达到874万人，同比增加40万人，再创新历史新高。由于疫情的影响，2020年的就业形势更加复杂严峻，出现了明显的结构性失业现象，引起了国家的高度关注。导致该现象的重要原因之一是地方本科高校培养的毕业生不能满足社会对应用型人才的需求。如何培养满足社会需求的高校毕业生成为高等教育领域关注的热点问题。青年就业是世界性难题，我国也不例外，以高校毕业生为主的青年就业压力在未来将依然突出。“十三五”时期我国高校毕业生人数年均超过800万人，再加上500万人左右的中职毕业生，使得毕业生就业规模继续呈上升趋势；与此同时，高校毕业生供给侧需求与有效岗位不足的矛盾凸显。目前我国仍处在由产业链中低端向中高端转型发展阶段，市场上适合高校毕业生的岗位还不充足；部分毕业生专业技能水平、创新创业能力与市场和企业的用工需求存在较大差距，存在“就业难”与“招工难”并存的现象[12]。毋庸置疑的是，大学生在校期间缺少实践经验、缺少对行业真实情况和岗位工作内容的了解，因此说，实践能力以及所学专业与社会需求脱轨是造成毕业生就业难的一个重要原因。历年的招聘调查显示，多数企业表示，毕业生缺乏一定社会和实践经验，这影响他们尽快适应工作环境并投身其中。大学生在校期间注重的是对基础理论知识的学习和掌握，缺乏一定的实践经验，这是普遍存在的毕业生现状。毕业生群体需要一段时间的实习实训，尽快适应职场的节奏，转变身份才能顺畅就业，实现自我价值。

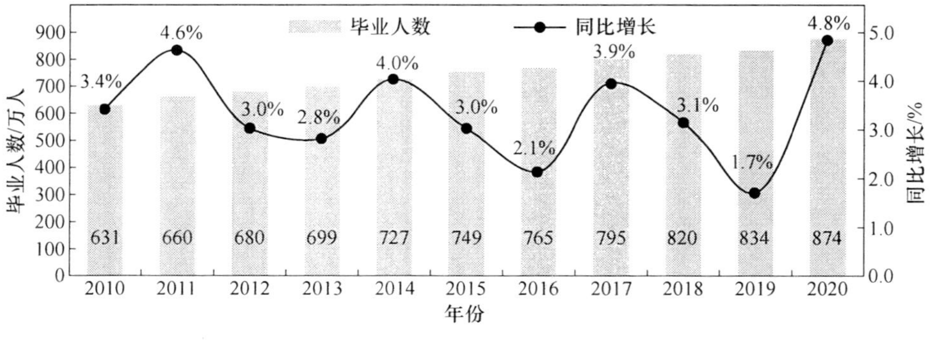

图1-1　2010～2020年全国高校毕业生人数统计

培养兼具理论修养和应用技能的人才是“双师型”教师的最终落脚点。而培养一支数量充足、质量优异的“双师型”教师为培养应用型人才提供保障，它为经济发展、社会进步增添了鲜活的因素，提供了发展的动力。因此，对“双师型”教师队伍进行研究意义重大，功在当下，利在千秋。十年树木，百年树人，路漫漫其修远兮，应用型人才培养道阻且长。“双师型”教师队伍建设是一个相对漫长的过程，人才培养也需要一段时间的努力才能完成。因为，人才培养的质量并没有直接衡量和参考标准，需要从社会经济增长，就业率等多方面综合考量。

“双师型”教师队伍的建设是顺应经济社会的转型、新建地方本科院校的转型、理论型人才向应用型人才的转型的需求。因此，培养造就满足社会需求的应用型人才需要一大批理论型教师向“双师型”教师的转变，“双师型”教师的质量和数量将直接影响应用型人才培养的质量和规模。应用型人才的培养符合新时代的需要，时代呼唤“双师型”教师，“双师型”教师队伍建设成为地方院校转型的必然选择，成为高等教育领域亟待解决的重大问题。

1.2 “双师型”教师与“双师型”教师队伍

随着《国家教委关于高等职业学校设置问题的几点意见》（教计〔1997〕95号）文件的出台，标志着“双师型”教师这一概念在我国职业教育领域正式提出，从此“双师型”师资队伍建设成为近几年来我国职业教育发展领域的一个重要的课题。这一概念广泛应用于高等职业专科院校，教育部提出新建本科院校转型的问题后，“双师型”教师的概念延伸到本科院校，尤其是新建地方本科院校。

2018 年 1 月，中共中央、国务院印发《关于全面深化新时代教师队伍建设改革的意见》（以下简称《意见》），明确指出全面提高职业院校教师质量，建设一支高素质双师型的教师队伍；继续实施职业院校教师素质提高计划，引领带动各地建立一支技艺精湛、专兼结合的双师型教师队伍；加强职业技术师范院校建设，支持高水平学校和大中型企业共建双师型教师培养培训基地，建立高等学校、行业企业联合培养双师型教师的机制[13]。

《意见》释放出新时期建设党和人民满意的高素质专业化创新型教师队伍的强烈信号，对各级各类教师队伍建设的目标、内容和保障，教师的地位、待遇、培养等指明了方向[14]。该文件对双师型教师队伍建设提出了具体的建设要求，不但总体上规划了教师队伍建设的系统性、综合性，而且也明确了双师型教师队伍建设的新任务、新举措，对期待已久的社会实践需求给予了热切回复。《意见》明确指出教师队伍建设要“分类施策”，并对双师型教师队伍建设提出了一系列针对性的建议和建设规定，主要涉及双师型教师素质提升计划、校企联合培养、教师资格标准及认定、用人自主权、兼职任教、考核评价等内容，一定程度上消除了实践中长期制约双师型教师队伍建设的一些政策性阻碍[14]。但是，鉴于双师型教师培养要求具有一定的特殊性、复杂性、困难性，以及管理的多重性等，除了《意见》中指出的一些原则性的规定之外，仍需要学校对文件进行规范化，涉及法律、体系等方面的改革，并需要多策并举、落到实处。

建设一支创新型、高素质教师队伍以全面提升高等学校的教师质量，成为新时代的迫切要求。因此，本研究聚焦提高教师专业能力，推进高等教育内涵式发展，为教师发展搭建平台，组织研修活动，开展教学研究与指导，推进教学改革与创新。本书中提到的“双师型”教师属于新建地方本科院校的范畴。其概念和内涵有别于高等职业技术院校的“双师型”教师，在对教师的资质要求上有一定的区别，如学历、职称、素质、能力方面。总体来说，新建地方本科院校对“双师型”教师的要求要高于高等职业技术院校对“双师型”的要求。这是由新建地方本科院校和高职业院校在办学定位、培养目标等方面的要求不同决定的。

由此可以看出，“双师型”师资队伍的建设不仅对应用型本科教育职能的实施与体现影响巨大，而且关乎着应用型人才培养的质量与社会效益。《国家中长期教育改革和发展规划纲要（2010～2020年）》明确指出“双师型”教师是不仅具有中级及以上职称的教师，是具备相关专业岗位工作经验的教师，还是双职称教师或取得双职业资格证书的教师。目前，学术界关于“双师型”教师的概念没有统一的界定，存在双资格、双素质、双能力、双来源等说法。具有代表性的有“双证”说和“双能”说。“双证”说是指拥有学历证书和技术等级证书或者专业技术职称；“双能”说指在理论和实践上同时具备较高能力，能够胜任专业理论教学和专业实践教学任务的专兼职教师。

“双师型”教师与“双师型”教师队伍是个体与整体的关系。不同学科的教师其“双师型”教师队伍的特色不同。不同的来源分类，形成引进“双师型”教师，培养“双师型”教师和兼职“双师型”教师。“双师型”教师队伍的学科和来源的多样化促进了“双师型”教师队伍的丰富性[15]。

目前，高校应积极响应国家政策的号召，不断深化职业院校、应用型本科高校教育教学改革，学校专业规划、教学设计、实习实训等人才培养环节的实施效果，有赖于“双师型”教师的专业素质和水平的提高。新建本科高校主管部门应积极贯彻落实《意见》，坚持“分类施策”原则，构建一整套适应职业教育、高等教育应用型人才培养要求的双师型教师制度体系。

1.3 地方本科院校转型发展现状研究

2013年6月，在国家出台一些相关的文件后不久，应用技术大学（学院）联盟与地方高校转型发展研究中心在天津职业技术师范大学成立。该联盟由37

所地方本科院校组成，应用技术学大学是其对地方本科院校的办学定位。2013年11月，《地方本科院校转型发展实践与政策研究报告》发布，较全面地总结了地方本科院校转型的面临的困难和问题。随后，应用技术大学（学院）联盟继往开来，呼应时代要求，积极开展了各项活动（见表1-1），积极推动地方本科院校转型。2014年4月，“产教融合发展战略国际论坛”在河南省驻马店市隆重召开，178所高校联合发布了《驻马店共识》，表明投身转型改革的意愿，标志着地方政府、教育行政部门、行业企业、高校和研究机构已经对地方本科高校转型发展形成了广泛共识。成为地方本科院校转型发展的重要转折点。

表1-1 应用型技术大学联盟学术活动

时间	地点	会议
2014.4.24～4.26	河南驻马店	产教融合发展战略国际论坛2014年春季论坛
2014.12.6～12.7	浙江宁波	产教融合发展战略国际论坛2014年秋季论坛
2015.4.15～4.16	河南驻马店	第二届IFIE春季分论坛
2015.11.25～11.26	江苏常熟	第二届IFIE秋季分论坛

在“试点先行、示范引领”的行动战略指引下，绝大多数省份积极响应政策，纷纷开展了转型改革。截至2018年5月，全国共有300余所本科高校成为应用型本科高校试点院校。

应用技术型高校衔接职业教育与高等教育，这一新事物的产生使我国的教育结构趋向合理、科学、完整，新建地方本科院校也因为转型的机会获得了更广阔的发展前景。新建地方本科院校作为高等教育重要的组织结构，其转型发展呈现区域指向性、市场导向性和地方特色型的特征：以省政府和教育厅为办学主体，以服务区域为目标，以市场需求为导向，立足地方特色，目前，大部分转型高校的发展取得了阶段性进展。

新建地方本科院校转型是适应产业结构调整和高等教育结构调整的一项重要措施，转型是为了实现“由传统的教学型向应用技术型、从相对单一的人才培养向人才培养与科技服务并重，从封闭办学到协同发展的转型”[16]。显而易见，上述转型都需要教师队伍转型的支撑才能得以完成。联合国教科文组织明确指出：“没有教师参与的教育改革从来没有成功过。”[17]

（1）结构合理的“双师型”教师队伍是转型成功的关键要素。新建本科院校向应用型高校转型，首先要充分了解应用型大学建设的关键要素。应用型大学建设的关键要素在于其办学定位、专业体系、人才培养模式、课程体系、教学模式、教学条件、教师队伍以及科学研究都要围绕应用型人才培养和服务区域经济发展来建设[18]。其中，结构合理的高素质“双师型”教师队伍是转型成功的重要标志。

通过分析可以发现，所有关键要素都需要通过教师队伍的转型落到实处。实施转型时，办学规律和学校的运行逻辑面临巨大改变，原来的办学定位、人才培养模式、应用研究和技术创新能力等都要进行系统性的转变，这都需要教师的观念理念、价值追求、行为模式以及素质能力等方面符合应用型大学的需求才能得以实现。教师队伍是影响新建地方本科院校系统运行状态和转型走向的关键主体，其状况对学校的转型方向、转型步伐以及转型成效具有决定性的影响。[19]

（2）教师队伍转型是高校人才培养目标实现的核心条件。学校所有职能的发挥以及所有变革、建设活动的落脚点在教师队伍方面。新建地方本科院校转型后的人才培养目标是培养应用型人才。即具有较宽的专业视野、较强的应用能力、较高的素养的复合型专门人才，培养目标聚焦于“地方性、技术性、应用型”。人才培养目标的变化也对教师队伍提出了更高的要求，它要求教师队伍具有较扎实的教学能力、较强的应用研究能力、扎实的实践应用能力以及良好的社会服务能力。应用型人才培养的质量是由教师队伍的能力决定的。所以，应用型人才培养目标实现的核心条件是教师队伍转型。

（3）地方本科院校教师队伍转型的现实问题。与学术类的院校相比，新建地方本科院校教师队伍具有以下几个特征：第一强调教学为主。科学研究的基础相对薄弱，应用研究能力严重不足；第二教师队伍结构欠合理，大多数教师为硕士，拥有博士学位的教师比例较低。近些年，虽然各高校通过抢人大战，博士引进力度加大，具有博士学位的教师比例逐渐上升，但比起教育部直属院校仍然数量不足。第三员工流动性较大。由于办学条件、薪酬福利等原因，使得教师安心乐教的积极性不高、稳定性不强。四是教师实践和职业能力不高。地方本科院校工科类专业教师工程实践能力和职业能力普遍不高，服务于地方经济发展的能力较弱。应用型人才培养必然要求教师具备扎实的理论功底和较强的实践教学能力，只有建设一支结构合理、质量优良的双师型教师队伍才能保障应用型人才培养的质量和水平。但从目前的状况来看，教师队伍的这些特征难以满足转型的需要。在新时代背景下，地方本科学校转型成为时代发展的必然趋势，但教师队伍的转型面临的困难已成为新建地方本科院校不可回避的现实问题。

1.4 研究的目的及意义

1.4.1 研究的目的

教师是教育教学活动的践行者，是高等教育教学中最核心的要素。因此，研究教师队伍转型发展实践，特别是双师型教师队伍建设情况，有利于激发教师队伍对于身份转型的热情，将教师队伍的转型发展从理论探讨逐渐落实到实践层面，对促进新建地方本科院校成功转型将起到巨大的推动作用。

本书以地方本科高校为研究对象，探究其在转型过程中“双师型”教师队伍建设的现状，发现存在的问题，并积极寻求相关的解决方案，为更多转型高校提供参考。在理论层面上，作者在研究过程中总结、借鉴了发达国家职业教师发展方面成熟的经验，通过典型案例分析，为“双师型”教师队伍建设提供充足的事实依据。丰富和完善人力资源管理开发和人事制度的理论。在现有的资料的基础上，作者尝试采用多层面、宽口径的理论方式研究“双师型”教师队伍建设，借助教育学、管理学和人力资源管理等相关理论进行多视角的研究。在实践方面，为地方高校“双师型”队伍建设提供参考，进一步促进新建地方本科院校转型发展。

随着高校教师队伍建设的不断深入，“双师型”教师队伍建设中存在的弊端越来越明显，具体问题有如下几个方面：教师来源不稳定且极其缺乏、教师准入政策不规范、相应的培训机制不健全、缺乏有效的教师管理与激励机制等。因此，促进地方本科院校发展和改革的当务之急是培养数量充足的、质量优异的“双师型”教师，加强双师型教师的培训与培育，建设一支高素质的优秀教师队伍。探究“双师型”教师队伍建设的有效路径，建立健全相关的制度，创新管理模式与补充机制，构建完善的培养培育体系为本书的重点问题，之所以选择地方高校教师队伍为研究对象，是基于以下两个方面的需要：

（1）地方高校人力资源管理的现实需要。在当今社会，人被认为地球上最宝贵也是最重要的一项资源，社会各界对人力资源愈发重视，任何组织和部门都不能轻视人力资源的管理，因为人力资源的质量与数量往往成为决定一个组织生存与未来发展的重要保障。对于高校而言，当前，将人力资源管理的原理与方法运用到学校是非常必要且迫在眉睫的一项工作。说转型高校教师队伍建设是一项涉及面广、复杂的系统工程，应以人力资源开发理论为基础，为教师未来发展的专业化与职业化开辟道路。地方本科学校转型过程中首要的一项基础性工作就是要优化师资队伍的结构、数量以及专业实践技能；此外，还要关注教师业务能力的提升，根据学科特点，既要加强作为普通本科学校一线教师教学能力的提升，还要敦促他们转型后实践能力以及应用教学能力方面的培养。总之，教师专业能力培养以及师资队伍建设要充分体现如下几方面特征：系统性、多元化、程序化以及可持续性发展。校方人事部门应积极拓宽用人渠道，多措并举、通过多种途径发现人才、使用人才与留住人才，给予老师们更多的发展空间，了解人才意愿，满足人才需求，促进人才各方面能力的充分发挥，促进教育的全面发展。本书运用人力资源管理的相关理论探索师资队伍建设与管理的有效策略，为转型院校师资队伍建设提供必要的参考。

（2）国家高等职业教育提升质量的需要。《国家职业教育改革实施方案》提出，到2022年，高等职业院校教学条件基本达标，一大批符合条件的地方本科高校逐渐向应用型转变。经过5～10年时间，职业教育基本上由政府主办逐渐过渡到政府统筹管理、社会力量参与办学的格局，由以前的追求数量向提高质量转变，办学模式由过去的普通教育倾向于企业参与、专业特色为主的类型教育转变，提升新时代职业教育多元化、现代化水平，更好地促进经济社会发展和提高国家竞争力。

《国家职业教育改革实施方案》强调，应基于应用型人才培养的需求来加强教师相关能力的提升，建设应用型教师队伍。以人才培养的目标与需要为基础，提升教师相应的教学能力，借助于完善的教师培训机制为教师质量与数量的提升奠定基础，加强与外校教师间广泛交流，聘请外校优秀教师到本校任教等多种途径培养教师的实践技能及相关能力。此外，还要积极与校外企业加强合作，共同开展教师培训与培养工作，促进教师、工程师之间的广泛交流以及互相学习，在提高教师教学能力的基础上，不断培养实践能力，加强“双师型”教师队伍建设。对于教师开展的实践研究与技术研发给予多方面的鼓励与支持，充分了解当前社会发展中的前沿技术，掌握产业最新动态，以科研带动教学，并形成长效机制。教师水平与能力直接关乎人才培养质量，因此教师除了要具备丰富、扎实的专业理论功底外，同时还需要具备较强的专业实践能力，能够全面指导学生进行实践，兼具教师与工程师的双重资格。因此地方本科学校实现顺利转型，首要任务就是加强“双师型”教师队伍建设。保障充足的教师资源以及一流的实践教学质量。

1.4.2 研究的意义

1.4.2.1 理论意义

首先，进一步优化高等教育结构。地方高校在转型的过程中面临的亟待解决的问题是如何提高教师队伍的专业实践技能和“双师”素质，这也是高等教育结构优化的关键环节。本书主要通过分析新建地方本科高校转型中“双师型”教师队伍建设面临的一些问题、如何构建顺应高等教育改革的高素质教师队伍，提出建设“双师型”教师队伍的具体策略和方法，这对促进我国新建地方本科院校教师队伍的建设发展、达到促进我国高等教育结构优质化，进一步构建我国现代新型职业教育体系具有重要意义。

其次，丰富和完善“双师型”教师队伍建设的相关研究。从 20 世纪 80 年代，学界对“双师型”教师的定义和如何培养等问题进行了广泛的讨论和研究。这对于进一步丰富“双师型”教师的内涵、制定完备的“双师型”教师培养方案和建设策略都有积极的意义。20 世纪 90 年代国家加大职业教育投入力度，为提高应用型人才培养的质量，提出了大力培养“双师型”教师号召。在新时代背景下，作为高等教育办学主体的地方本科高校，培养“双师型”教师发生了怎样的变化，有哪些重要的意义，在含义上有哪些不同，在具体的培养措施上又如何体现这些不同，学术界和教育界不断思考，努力达成共识。

再次，为地方本科院校的转型发展提供依据。新建地方本科院校是在社会经济结构转型时期高校向应用技术大学转型的过程中产生的新事物。对于这个新生事物，国家教育主管部门给予了充分的重视，自 2002 年起，国家有关部门召开一年一度的全国新建地方本科院校研讨会，集中探讨相关问题。省级教育部门也积极响应国家政策，结合本省的实际状况，制定相应的政策和措施，进一步助推地方本科院校的发展。

最后，为高校决策者提供可借鉴的参考，高校管理者在进行教师队伍转型发展决策时往往需要参考相关的数据研究结果，当前专门针对新建地方本科院校转型和“双师型”教师队伍发展的高质量研究的并不多，可参考的资料不多。本书通过问卷调查、深度访谈、案例研究了解和分析地方本科院校教师个体对于转型的看法和需求，了解教师队伍中不同类型的教师如何适应转型，了解当下相关高校在双师型教师队伍建设方面存在的问题并对这些问题进行深入的分析和探讨，可为同类型院校的管理者进行教师队伍建设提供决策参考，促使相关高校制定更为合理的“双师型”教师队伍建设策略。“双师型”教师队伍建设问题也是地方本科院校向应用型转变和现代职业教育体系建设的核心问题，对这一问题的探讨和研究丰富和完善了转型发展和现代职业教育体系的研究。

1.4.2.2 实践意义

本书力图解决地方本科院校教师队伍的转型发展问题，为教师自我提高服务，提升应用型人才培养质量，更好地服务于国家战略和高等教育改革。

首先，为新建地方本科院校转型发展提供动力。本书对当前国内“双师型”教师队伍建设当中存在问题进行综述，并总结分析了国外高职教育的培养模式和特点，如美国职业教育师资培养模式、德国“双元制”、澳大利亚 TAFE 职业教育师资培养、新加坡职业教育师资培养模式。通过对山东省两所地方本科院校的双师型教师队伍的转型情况进行案例分析，发现两所学校在“双师型”教师队伍转型方面存在的一些共性问题，并对存在的问题及原因进行分析，在借鉴国外职业教育一些成功经验的基础上，进一步提出我国地方本科院校教师队伍转型和建设的对策，以期为其他高校在转型过程中“双师型”教师队伍的建设提供建议和借鉴。“双师型”教师队伍建设是新建地方本科院校转型发展过程中非常关键的一个环节，也是转型是否成功的重要指标，因此研究地方本科院校“双师型”教师队伍建设问题具有重要的意义。教师队伍的结构需要随时代的变化不断做出适当的调整。高等院校的教师的职责和使命是为社会培养各级各类的专门人才，这需要教师不断提高自身的素质以达到这一要求。也就是时代对教师提出了更高的要求。因此说，拥有一支数量充足、业务卓越的“双师型”教师队伍是应用型人才培养的坚实保障，也是社会经济转型发展和时代发展的需要。当然，这是一个漫长的过程，是由教育的主要功能决定的。转型的过程虽然漫长，转型的效果虽然难以衡量，但是高等教育的改革需顺应时代潮流，砥砺前行。

其次，为高校教师专业化发展提供更高的平台。教师专业化成长是指作为专业技术人员的教师从新手到行家里手，即专家型教师的过程。这个过程是一个专业教师经历思想、知识、能力等方面不断发展和完善的过程。对“双师型”教师的需要是符合时代发展的要求，也向新建地方本科院校教师提出了新挑战，这是时代的召唤，也是教师专业发展的新要求。因此教师专业发展不可能也不能坐享其成、一步到位。必须不断调整以适应时代的要求，也就是做到与时代同向而行。只有不断提升自我、努力转变，才能取得长久的发展。希望本书可以为转型教师在发展平台方面提供有效的建议。

最后，为应用型人才培养提供保障。培养“双师型”教师的最终落脚点是培养具有理论修养和应用技能的新型人才，而拥有一支数量充足、业务卓越的“双师型”教师是培养新型人才的保障。它为国家发展、社会进步注入新鲜血液，提供无穷动力。因此研究“双师型”教师队伍建设不仅十分必要，而且意义重大。应用型人才的培养任重道远。“双师型”教师队伍建设周期是一个较为漫长的过程，同样，人才培养也需要时代的验证，也需要较长时间才能完成。人才培养的效果并没有直接的参考标准，需要从社会经济增长、就业率等多方面综合考量。

1.5 文献综述

本书在文献收集方面主要通过以下几种途径进行：（1）通过互联网搜索、查阅与课题相关的期刊论文、学位论文等相关文献。选择权威作者发表的有代表性的文章，以及权威期刊中刊登的典型文章进行重点参阅。（2）参阅了大量相关专著，对本研究有了比较系统、全面的认识。（3）梳理和掌握国家有关部门以及地方教育部门出台的关于地方本科院校转型发展和教师队伍建设方面的文件和政策，跟进“双师型”教师研究的最新动态与政策指引。地方本科高校转型过程中“双师型”教师队伍建设是深化高等教育综合改革面临的迫切需要解决的问题之一。也是近年来学术领域研究的热点课题之一，研究者们分别从不同的视角对地方本科高校发展中存在的问题进行研判和分析，取得了丰硕的研究成果，为本研究提供了丰富的依据。

1.5.1 国外研究综述

“双师型”教师的概念产生于中国本土，在国外并没有“双师型”教师的提法。与国内“双师型”教师概念意义相同且具备“双师”素质的教师在国外称为“职业教师”（vocational teacher 或 occupation teacher）或“职业技能教师”（vocational skilled teacher）。在 Web of Science 数据库中以“职业教师”（vocational teacher）或“职业技能教师”（vocational skilled teacher）为关键词进行模糊检索，并对收集的文献资料进行分析，发现国外学者对高等职业院校教师的研究相对较早，也积累了丰硕的研究成果，研究主题逐渐趋向多元化。主要体现在以下几个方面：

（1）部分国家职业教师任职资格和政策的研究。德国职业教育在世界上具有较大的影响力，其显著特征就是“双元制”人才培养模式。同时，德国联邦政府针对职业院校教师职称评定和流动后出现的一系列问题，先后颁布了《职业训练法》和《联邦职业教育保障法》来确保“双元制”教学工作在各高校顺利开展。美国要求职业类院校刚上任的教师必须在具备技术能力和教学能力的同时，达到相应的实践能力。英国政府为了满足职业院校“双师型”师资队伍建设的需求，要求所有的职业教师在教学七年以后都必须接受一次轮流脱产的培训。澳大利亚在职业教师体制改革和培训上投入了大量的财力和物力，在强调教师学历背景的同时，也非常关注他们的教学能力、专业知识结构和实践经验。丹麦非常重视对职业教育师资队伍的培养，因为职业教师的岗位一般是职业技术类学校的教学岗，并在课程考核合格后取得职业教育教师资格才可以上岗教学。日本职业类院校的教师被称为“职业训练指导员”，要求上岗教师同时具有教育和技术专业的双学士学位，目标主要是培养社会不同岗位上所需的专业技能人才，并且政府颁布《雇佣能力机构法》等来加强高职院校师资教学和工程技术能力的建设，其职业教师培养模式是“产学合作”模式。

（2）职业教师的培养途径。澳大利亚政府在职业师资培养上采取的 CBT（competency-based training）模式对世界其他国家职业教师的培养起到了很好的示范作用。一些学者从宏观视角对美国、土耳其和英国等职业教师培养的途径进行了说明，并提出制定提升职业教师素质计划，增强职业教师的学习动机等来提高教师的教学和实践能力。国外有些学者对职业院校教师的角色、职责和能力等进行了研究，提出了建立职业教师能力的基本框架，包括六大能力如支持学生学习的能力、教学设计能力、教学指导能力等。这些研究说明国外高校都认为职业教师应具备理论知识和作为专业学科教师的资格证书，重视职业教育教师的实践教育的发展。

（3）师资培养体系的确立。国外部分职业院校师资培养体系相对健全，从十九世纪六七十年代开始逐渐建立并完善职业教师的培养体系。如德国为了支持教师积极参与进修，德国政府承担了进修的全部费用，并要求专职教师在上岗后依然要接受如脱产学习等的继续教育。英国政府积极设立了技术教育或师范类学院，为教师提供职前教育或继续教育课程。澳大利亚政府成立了 TAFE 学院以促进专职教师的培养，师资培养主要采取“3 + 1”模式，即在完成三年的与专业学位相关的课程后，还应接受一年的教育专业课程的学习。澳大利亚政府除了要求教师参加相关培训来提高自身的实践操作技能外，还要求不断进修提高其教学能力。

1.5.2　国内研究综述

1995 年，《国家教委关于开展建设示范性职业大学工作的通知》第一次以政策的形式提出“双师型”教师的概念。此后，学术领域对职业院校“双师型”教师的研究蔚然成风，成为学者们研究的热点。近年来我国政府及各省出台了一系列文件、政策，把加强高校“双师型”教师队伍建设作为一个重要的议题提上了建设日程，成为各个高校推进工作的重点。学者们对“双师型”教师的研究主要集中在如下几个方面：（1）对“双师型”教师的概念进行总结和梳理并提出自己的见解和看法；（2）对“双师型”教师的内涵进行界定和研究；（3）对“双师型”教师的培养措施及培养模式进行研究；（4）对“双师型”教师存在的问题及现状进行研究。（5）对“双师型”教师标准体系和国外经验借鉴进行深入研究。总体上看，研究者们对“双师型”教师的概念及内涵的研究比较集中，数量较多，量性研究较多，质性研究和实证研究较少；针对高职院校“双师型”教师的研究较多，而对地方本科高校“双师型”教师的研究较少。这些说明了地方本科院校“双师型”师资队伍建设的必要性、迫切性及研究空间的延展性。

1997 年，全国职教师资队伍建设工作座谈会首次提出要求建设“双师型”师资队伍，并作为师资工作的重点，自此以后我国的教育部门从上到下陆续出台了很多相关文件，逐步完善“双师型”教师队伍建设的管理和建设规定，但这些文件政策主要集中在高等职业专科院校。以下是通过文献阅读搜集到的一些相关政策。

首先，对国家出台的地方高校转型的相关政策与规划进行搜集并仔细阅读。搜集到的政策性文件有：国务院出台的《国家中长期教育改革和发展规划纲要（2010 ~ 2020 年）》（2010 年）、教育部印发的《关于全面提高高等教育质量的若干意见》（2012 年）、教育部出台的《高等教育专题规划》（2012 年）、2014 年国务院出台的《关于加快发展现代职业教育的决定》，还有教育部单独以及联合其他部门出台的《现代职业教育体系建设规划（2014 ~ 2020 年）》《关于地方本科高校转型发展的指导意见》（征求意见稿）和《关于引导部分地方普通本科高校向应用型转变的指导意见》等，以及国务院教育督导委员会办公室印发的《高等职业院校适应社会需求能力评估暂行办法》（2016 年），仅从近几年我国颁布出台的这些政策和战略规划文件，就可以看出关于“转型高校期间发展”和双师型建设的问题已经得到国家不同部门的重视和高度关注。

其次，作者借助山东师范大学图书馆及网上书店收集了相关学术专著。有柳国梁的《服务型区域教育体系的地方高校转型研究》（2014 年版），李梦卿著的《“双师型”职教师资培养制度研究》（2012 年版），詹天明的《“双师型”教师发展论》（2010 年版），李梦卿、熊健民和罗莉的《“双师型”教师队伍建设比较研究》（2010 年版）等。

董立平在《地方高校转型发展与建设应用技术大学》中提到突破制约应用技术大学建设的障碍是加强“双师型”教师队伍建设[20]，学校需大力引进和培养“双师型”教师。陈斌提出“双师型”教师队伍建设是转型发展的难点和重点，目前，地方本科院校在转型发展方面遭遇瓶颈。田江认为“双师型”教师是新建本科院校教师队伍的重要组成部分，是培养应用型和实用性人才的中流砥柱，是进一步促进新建本科院校可持续发展的源头活水，在优化教师队伍结构、提升教师队伍整体素质以及提升整个高等教育教学质量中发挥着非常重要的作用[21]。

可以看出，最近几年有关地方高校转型发展的学术著作如雨后春笋般出版，高校转型发展和教师队伍建设问题已成为学术界研究的热点，研究者们分别基于不同的视角对此展开了细致深入的研究。可见“双师型”教师队伍建设研究已成为近些年学术界备受关注的热点问题。

通过查阅相关资料和文献，作者进行梳理发现学术领域对新建地方本科院校“双师型”队伍建设的研究主要集中在以下几个方面。

（1）多数研究者认为，新建地方本科院校转型的重要环节在于建设一支数量可观、高素质的“双师型”教师队伍。因为“双师型”教师队伍的质量从某种程度上决定了地方高校的教学质量。大部分“双师型”教师队伍来自青年教师。作为“双师型”教师队伍的主体，他们的学历层次多为本科生、研究生；从高校毕业后直接进入新建地方本科院校从事教学工作，由于缺乏实践经验和实际操作能力，在完成学术型科研任务和课程改革方面他们面临着较为繁重的压力。针对这一现象，研究者们提出，应对“双师型”教师全面看待，不能片面崇尚高学历；应寻求多种培养方式以及引进“双师型”教师；鼓励他们专心于应用型科研成果和教学改革。

（2）汪剑平、漆哈东认为只有建设一支质量优良的“双师型”教师队伍，才能更好地促进新建地方本科院校的可持续发展，因此，在这个过程中，必须处理好四种关系：现在与未来的关系、教学和科研的关系、学术梯队的培养与整体提升的关系、师资队伍平稳与提升的关系。罗雪松认为地方本科院校“双师型”教师队伍存在着年龄偏低、学历偏低、职称偏低的三低现象，解决这些问题的对策是：利用好现有的教师资源，充分发挥骨干教师的力量，拓宽人才引进渠道，引育并举培养“双师型”教师，为应用技能型人才创建更有利的师资条件。

(3) 窦豫湘、何能爱认为新建地方本科院校因其地缘属性，各有特点，必须要在认真分析自身特点的基础上找好自己的定位，将教学作为转型的重中之重，将培养“双师型”教师作为提高教学质量的关键。聚焦“双师型”教师的引进、培养和评价激励实施各项措施，全面推进“双师型”教师队伍建设工作。

综上所述，无论从国家层面，还是地方层面，甚至教育主管部门、学术领域等都对地方高校转型以及“双师型”教师培养给予了高度关注，并积极开展相关的讨论、研究。同时中央以及地方政府部门对这些活动也给予了各方面大力支持，地方本科高校“双师型”教师队伍建设研究已成为近些年及未来相当长的时间内国内教育界、学术界研究的重点课题之一。

1.5.3 研究综述

新建地方本科院校因为转型而拥有了更广阔的发展前景。近年来，教育部发展规划司举办了一些针对地方高校转型发展的专题研讨班，转型试点高校以市场需求为导向，在其转型发展过程中呈现出区域性、市场性、地方性和应用型的特征：以省政府和教育厅为办学主体，以服务区域为目标，立足地方特色，优化人才培养特色，新建地方本科院校的发展取得了阶段性进展。

1.5.3.1 “双师型”教师队伍建设

地方本科院校发展的关键在于与高等教育结构以及区域经济发展需求相契合，且在转型过程中以“双师型”教师队伍的搭建为中心。由于师资结构对人才培养类型具有决定意义，所以，“双师型”教师队伍的转型发展对高校教育改革的意义重大。然而，鉴于国家针对这方面的改革正处于起步阶段，在新建本科高校转型过程中师资队伍建设难免存在一些不足和急需解决的问题。

“双师型”教师建设的核心在于培养出一批教学、科研和实践能力都突出的教师。从目前新建本科院校“双师型”师资队伍建设的进程来看，还有一系列的问题亟待解决，尤其是政策法规条例方面有待健全。因此，各高校也应以国家出台的政策文件为导向，采取有效的措施，对教师的工资待遇、福利等做出具体的规定，健全“双师型”教师的考核机制、激励机制、培训机制等，对兼职教师的引进等也应做出明确的规定。同时，高校应制定与本专业发展和人才培养相适应的政策法规，鼓励教师积极配合相关的教学科研、培训等工作开展。政策层面从上到下形成支持教师转型发展的良好态势。

1.5.3.2 “双师型”教师能力和素质研究

在学术领域，王义澄是提出“双师型”教师概念的第一人，他提出“双师型”教师必须具备以下四点才能称之为“双师”，即参与学生实习过程、被选派到企业进行实习、参与重大教学科研工作、承担一些技术项目。

姚桂平认为“双师型”教师首先要具备一些基本能力和基本素质，如良好的政治素养、职业道德、教育教学能力和身心素质，这些是作为一名教师应该具备的。其次应具备行业职业道德、行业职业素养、经济素养、管理能力和创新能力等[22]。

肖凤翔认为“双师型”教师应具备三点：基本的教育和职业工作素质、理论和实践的双能力[23]。庄西真在《普通本科院校转型：为何转转什么怎么转》中提到，应用型本科院校的教师首先要具备扎实的理论功底，这是提升个人素养以及人才培养质量的关键。教师不仅要熟练掌握专业理论知识，还要通过多种教学方式将理论知识传授给学生，形成教学相长的良性循环。其次工科类等专业实践性较强的专业教师要具备与专业结合的实践经验和技术应用能力，这是训练学生进行实际操作技能的关键。用一句通俗的话来讲就是“双师型”教师要“既进得了讲堂，又入得了厂房”。

1.5.3.3　“双师型”教师队伍培养途径研究

“双师型”教师队伍建设的主要途径是“引育并举”：一方面将具有“双师”素质的实践性人才引进来；另一方面培训有意向转型的教师，以及聘请企业精英做兼职教师等。

很多学术论文在研究“双师型”教师队伍建设问题时，把培养现有教师作为主要部分论述。因为“双师型”教师的引进受到学院发展规模和政策的限制并不能在短时间内增加符合条件的“双师型”教师数量。现有师资的培养主要是校内和校外两种途径相结合。校内培训通常是由学校组织教师在假期或教学之余进行短期学习；校外培训主要是通过为教师提供赴企业实习机会和平台或者进行多种形式的实践活动来完成。学者王文龙认为这是一种培养“双师型”教师最经济实惠的方式。

新建地方本科院校需通过循序渐进的引进，才能建设好“双师型”教师队伍。通过引进新型教师为原有教师队伍注入活力，带动原有教师队伍的转型。但是在引进标准上各学院还存在一定的困惑。主要体现在具备理论基础和实践应用能力的人才在学历等硬性条件上可能不符合要求，因此被拒之门外。

引进和培养“双师型”教师需要的周期较长，“双师型”教师队伍建设的捷径之一是聘任兼职教师。学者牛爱群认为这三种形式的相互结合、相互补充，丰富、完善了“双师型”教师队伍的建设途径[24]。学者徐莉、魏素珍认为校企合作是聘任兼职教师的一个绝好平台。在校企合作的过程中，联合培养模式给校企合作提供了很大的发展空间。学校应积极挖掘具备丰富经验的一线工作人员，通过聘任的方式担任学院某些实践课程[25]。企业可以让相关专业的教师参与到项目中，最大限度地给在校的教师提供实习、进修和锻炼的机会。同时，教师通过实践了解到相关行业技术发展的前沿知识，进一步丰富教学内容，满足社会发展对人才日益迫切的需要。

1.5.3.4 "双师型"教师发展模式研究

"双师型"教师队伍的发展大致可以分为三个阶段，从低到高为复合阶段、混合阶段、理想阶段。

复合模式的"双师型"教师队伍在教师成分划分上泾渭分明。也就是说"双师型"教师具备专业基础知识和实践应用能力，当然这个时期的"双师型"教师需要兼职教师作比较重要的补充。非"双师型"教师也就是传统的理论型教师，只具备专业基础知识。这两类教师各占一定比例，二者相互补充。

混合模式的"双师型"教师队伍在教师成分划分上界限模糊。即单纯的理论性教师逐步向"双师型"教师过渡。"双师型"教师的队伍逐步扩大，符合要求的教师逐渐增多。"双师型"与非"双师型"教师的差距不断缩小。

理想模式的"双师型"教师队伍在成分划分上趋于完美。也就是说绝大部分理论型教师成功转型为"双师型"教师，可满足"双师型"教师的各项要求；小部分理论型教师依然存在。并且"双师型"教师已不仅是在基本条件上符合要求，而是进一步深化、具备了较强的应用科研能力，能够参与科研并创造一定价值，能够娴熟地指导学生的实习，是名副其实的"双师型"教师。这种理想模式在短期内难以实现，需要通过长期的发展以及教师本身觉悟的提高、企业的大力合作等。目前新建地方本科院校多处于第一、第二阶段。

总体上看，"双师型"教师队伍建设的研究主要集中于高职高专院校的教师，地方本科院校"双师型"教师队伍的创建尚处在初步探索阶段。近几年的研究表明，新建地方本科院校"双师型"教师队伍建设已达到一定的规模和层次，具备一定的可操作性，但实效性不强，有待进一步完善。

1.6 研究思路

本书对地方本科院校转型过程中"双师型"教师队伍建设的存在问题进行整理，利用教师发展的相关理论基础和案例分析法，对山东省两所地方本科院校的基本情况以及"双师型"教师队伍建设存在的问题进行总结和分析，进而对这两所院校教师队伍建设方面存在问题的原因和根源进一步梳理，在借鉴国外高职院校教师队伍建设的经验的基础上，运用调查研究、深度访谈和案例研究等方法及相关理论，提出我国建设"双师型"教师队伍的对策和建议。研究的具体思路是：

（1）提出研究的背景和问题。介绍研究内容、研究思路，梳理相关文献，综述国内外教师队伍建设的情况，提出所要研究的问题，并阐述研究的理论意义和现实意义。

（2）介绍新建地方本科院校发展的实施与进展情况。并对 A、L 两所学校教师队伍队伍建设存在的问题进行分析，对实施转型教师队伍的状况进行总结归纳，明确“双师型”教师队伍建设转型发展实践在学校转型中的地位及价值。

（3）对新建地方本科院校“双师型”教师队伍的现状进行调查研究。对调查研究的设计、思路、方法和主要发现进行详细阐述，总结调查研究的成果并得出相关结论。

1.7 研究方法

本书采用的研究方法主要有文献研究法、调查研究法、比较研究法、深度访谈法和案例研究法。本书紧密围绕“新建地方本科院校‘双师型’教师队伍建设”的核心问题，按照“介绍背景现状、发现问题、分析问题原因以及提出建设方案和对策”的逻辑顺序展开。通过文献研究、问卷调研及深度访谈，对地方本科院校“双师型”教师队伍建设存在的问题及现状进行研究，分析地方本科院校教师队伍建设的深层次原因，通过深度访谈和理论研究，最后结合案例研究提出相应的建设策略。

1.7.1 文献研究法

文献研究法是在对某一研究领域的文献进行广泛阅读和理解的基础上，通过对文献进行查阅、分析、整理等形成对该领域研究成果的综述和思考。

文献综述法的优点在于通过收集某一方面研究的相关研究成果，了解国内外在该领域的研究现状和问题，进而掌握最新的研究信息。

文献主要来源于三个渠道：第一个渠道，通过国家图书馆、大学图书馆、学院资料室等查阅、复印相关的国内外相关学术研究成果。第二个渠道：通过中国期刊网、超星数字图书馆、万方数字化期刊、中国优秀博硕士论文数据库、独秀等电子资源检索相关文献。这两个途径主要用来查阅“双师型”教师队伍建设相关的研究性文献，包括期刊论文、学位论文及会议论文等。第三个渠道是指中华人民共和国教育部网站、山东省教育网等各大网络搜索引擎。

文献研究法主要是对“双师型”教师建设相关的两方面的资料进行收集。一是借助网上资源库和网络资源，查阅关于“双师型”教师研究的著述，既有历史文献，也有现代文献；包括中文文献和外文文献。检索的范围包括著作、期刊、硕士论文、博士论文、会议和报纸；对期间涉及的相关学术、会议等给予关注；最后，采用“关键学者跟踪法”，对国内“双师型”教师队伍建设研究领域的关键学者的相关著述进行检索。二是到国家图书馆、山东师范大学教育学院图书馆、德州学院图书馆、有关档案馆和政府部门收集相关教育政策法规文献和政策汇编等。

本书充分利用现有的数据库和文献资源，通过中国知网（CNKI）和博硕士论文全文数据库收集有关新建地方普通本科院校师资队伍转型的相关文献，并使用 NoteExpress 软件进行文献收集和整理。然后，结合早期阶段收集到的相关文献进行鉴别、整理、分析，并通过对文献的研究，了解地方本科院校教师队伍建设的基本情况，为研究奠定理论基础，为问卷调查、访谈提供理论支持。

本书的文献分析主要包括三个部分：首先，对地方本科院校和“双师型”教师的相关概念进行界定，阐述了“双师型”教师建设的理论基础：教育的内外部关系规律理论、舒尔茨的人力资本理论及教师专业化理论；其次，总结了美国、加拿大、新加坡和澳大利亚四所国外高职院校教师队伍建设的经验和特点，分析和总结了我国地方本科院校转型过程中“双师型”教师队伍建设存在的问题，以及制约教师队伍建设的制度根源和影响因素等，运用文献研究法、调查研究法、比较研究法、深度访谈法和案例研究法，提出我国转型高校“双师型”教师队伍建设的对策和建议。

1.7.2　问卷调查法

问卷调查法通常以提出问题的形式来获取对一些问题的看法，是统计和调查的方法之一。问卷法是研究人员用这种控制测量方法对所研究的问题进行测量，从而收集可靠数据的一种方法。简单地说，它是调查者通过设计一系列的问题向被调查者询问意见或进一步了解问题的一种调查方法。

为了深入了解新建地方高校“双师型”教师队伍建设的现状和存在的问题，有必要掌握真实的数据和具体情况。问卷调查法不仅可以完成这项任务，而且可以为研究提供相应的证据支持。通过问卷调查，可以更具体地了解高校教师对双师型教师建设的基本情况。

根据地方本科院校“双师型”教师队伍建设的内容框架，编制了针对高校管理人员和教师的问卷，并计划在山东省部分地方高校样本区进行抽样调查，利用 SPSS17.0 对数据进行综合统计分析。因此，本研究通过查阅相关理论文献，对部分新建地方本科院校的教学管理者和专兼职教师进行非概率抽样的问卷调查。问卷调查的内容包括新建地方本科院校转型前的教师状况；在教师转型过程中，提出了什么样的教师转型政策和指导措施；政策实施后，教师是否感受到转型政策的压力，不同类型的教师对转型的看法以及如何适应转型，教师转型过程中存在哪些问题及深层次原因等。

1.7.3　比较研究法

比较研究法是在不同背景或条件下对比同一个问题，了解二者不同之处的一种方法。本书分析了美国、德国、澳大利亚和新加坡的职业教育教师培养模式，对这几个国家职教教师培养模式的相同之处进行总结，并比较了这几个国家的职业教师培养模式与我国的地方本科院校向应用技术型转型的措施，通过这种方式发现我们在转型过程中存在的不足之处并对其进行改进，可以为我国“双师型”师资队伍建设提供借鉴。

1.7.4 深度访谈法

访谈法是采访者与被访者之间通过面对面交谈的方式来收集与本事件相关的客观、不带有个人偏见的事实材料，这样调查人员能够对当事人的态度、意见进行了解，深入研究具体事件，并防止出现以偏概全这样的问题。由于问卷形式和问卷选项的限制，在采用问卷调查法进行调查研究时，有些问题不能真正地反映出来。因此，访谈法可作为问卷调查法的补充。在本研究中，半结构化访谈主要以个人对话的形式进行，即研究者可以在一定程度上控制访谈的结构，并鼓励被访谈者自由交谈以提供更多的信息。这样做的目的在于以更灵活的方式充分了解“双师型”教师队伍建设中存在的问题，通过深入访谈了解教师和学校领导面临的问题和困惑，并对校内不同人员对教师队伍转型的意见与看法进行深入了解，从而为本书研究提供完整、充足的信息及研究材料，掌握完备的信息资料后，科学整理、分析访谈结果对解决问题是至关重要的一步。访谈前针对学校管理者和教师分别设计了不同的访谈提纲，在访谈过程中根据访谈进展及访谈情况对访谈内容及顺序进行灵活调整，从而更高效率地收集到本书所需的重要信息。

1.7.5 案例研究法

为了深入了解不同地方普通本科高校“双师型”教师队伍建设的具体情况，本书选取了 A、L 两所具有代表性的新建地方本科院校作为样本，并对其进行深入全面的分析和研究。通过对两所不同高校“双师型”建设情况进行比较，总结分析案例研究的结果，深入分析教师队伍建设中普遍存在的问题，对调查研究后发现的问题进行深层次的原因探究，从而得出建设策略和参考意见。

1.8 研究内容

本书通过分析山东省地方本科转型高校转型过程中“双师型”教师队伍的现状和存在的问题，力图实现“精准把脉高校转型时局、聚焦队伍建设问题、提出建设对策”的研究目标。

（1）在全面了解地方本科高校“双师型”教师队伍建设的现状和存在的问题后，对存在问题的根源进行分析，通过案例研究得出结论，总结地方本科高校在转型过程中“双师型”教师队伍建设在管理机制、培养措施等方面的不足。

（2）针对以上研究的不足进行理论分析，并结合调研过程中收集到的数据，完善研究过程，为进一步得出结论、提出建设性对策提供理论支撑。

（3）在大量搜集发达国家相关研究成果的基础上，整理我国地方本科高校有关师资队伍建设方面的相关资料，并对实地考察搜集的数据进行分析。在对A、L两所地方本科高校进行案例分析研究的基础上，进一步探究山东省转型地方本科院校"双师型"教师队伍建设的建议和对策，推而广之，从制度建设、补充机制的创新、培养政策、激励机制、考核指标等方面为同处转型中的其他高校提供参考。所涉及的方面具体如下：

1）"双师型"教师队伍建设现状研究。近些年来，多地地方高校在所属省委、省政府的大力支持下，在国家政策的指引下，适应高校人才培养模式改革需求，顺势而为、积极谋划，在确保教学质量过关的前提下，倾力打造一支专兼结合的高质量教师队伍，加大对地方本科院校"双师型"教师队伍的培养的关注和投入力度，以实现对高校教师队伍的整体水平的大幅提升。

2）"双师型"教师队伍建设的问题研究。当前，全国很多省份的地方本科院校处于与山东省高校同样的重要转型期，在"双师型"教师队伍建设方面呈现出的一些问题和状况，首先就是对于转型高校"双师型"教师的规划并不明晰，加之教师来源、收入标准等方面均未做出细致的阐述；"双师型"教师培养方式方法存有一定的欠缺，不够全面；各项激励措施仍有待做进一步的完善。鉴于此，打造一支专兼职结构合理、数量充沛的"双师型"教师队伍必然是当前和今后一段时期国内高等教育发展的重要问题之一。因此，总结地方本科高校转型进程中"双师型"教师队伍建设的对策，探究改进人才引进机制、完善培养培训体系、改善评价标准和激励政策是适应高校转型要求的、十分必要的环节。

3）"双师型"教师队伍建设的问题研究。地方本科高校"双师型"教师队伍建设方面存在的问题延缓并阻碍了地方本科高校转型进程，主要有以下几个方面的原因：首先转型高校在"双师型"教师规划方面要思路明确，计划设计周全，在准入资格上，多数高校对于增扩高素质"双师型"教师的师资标准没有在原有基础上进行改进；其次在培养培训上，如何设立有针对性的培训课程、完善内引外培的有效培养体系，采用有效的培训方法等学校都未给出合理的规划；再次，在评价标准上，学校未建立考核标准，没有设立评价考核监督组织；最后，在激励方式上，转型高校应该在原有激励方式的基础上，给予"双师型"教师物质与精神激励。

4）"双师型"教师队伍建设的对策研究。面对转型高校中"双师型"教师队伍建设期间面临的难题，书中以理论研究和实证研究为切入点，对发现的问题给出与之相应的解决对策。力求找出"双师型"教师队伍建设的突破口，对地方本科高校转型过程中教师队伍的打造进行更系统、更全面、更深化的探究。研究中所有相关的问卷数据的录入和处理等相关的工作都利用 SPSS18.0 统计软件开展相关的操作。具体的量化分析包括两个环节的工作：一是对全文代码进行统计和分析，同时对文章信息中的共性和差异进行总结；第二，就是对回收的有效问卷和数据进行技术分析，对地方本科高校“双师型”教师队伍建设情况进行描述性统计，分析相关影响因素。

1.9 研究的创新点与难点

1.9.1 研究的创新点

“双师型”教师队伍建设研究首先是在高等职业教育领域，新时代背景下，大部分新建地方本科院校顺应时代需求，主动谋变、积极转型，并对转型的重要环节——“双师型”教师队伍建设进行规划。在这种情况下，新建地方本科院校如何充分利用自身现有的条件整合教师资源，分析转型过程中存在的原因和问题；如何打造一支结构合理、质量一流的“双师型”教师队伍是本书思考的问题。因此，本书的创新点是试图在新建地方本科院校向应用技术大学转型的背景下对“双师型”教师队伍建设的现状、存在的问题进行研究，并进一步提出我国地方本科院校“双师型”教师队伍建设的对策和建议。

1.9.2 研究的难点

新建地方本科院校向应用型大学转型是我国高等教育领域出现的新事物，尚处于起步阶段，目前还没有非常多的成果可以进行分析和评估，新建本科高校可以借鉴德国、美国、澳大利亚、新加坡等国外应用科技大学的办学经验，以及从在这一方面起步较早的省份，如河南省、辽宁省等寻求一些可参考的经验和做法，结合本土实际，制定方案，侧重理论分析，以达到少走弯路的目的。

由于时间、精力的不足，对“双师型”教师队伍建设问题分析不够全面；由于平台的限制和经验的不足，对“双师型”教师队伍建设问题分析不够透彻、深入，需要作者及时跟进我国高等教育研究的最新动态，增进与同行的沟通交流，必要时进行实地考察，尽量弥补不足。

参 考 文 献

[1] 蒋菲，杨倩倩，新时代高校教师队伍建设的新特征与新思考 [J]. 黑龙江教育（理论与实践），2020（1）：11.

[2] 中华人民共和国教育部. 全国高等学校名单 [EB/OL]. http://www.moe.gov.cn/jyb_xxgk/s5743/s5744/201906/t20190617_386200.html.

[3] 教育部、国家发展改革委、财政部. 关于引导部分地方普通本科高校向应用型转变的指

导意见［EB/OL］. http：//www. moe. gov. cn/srcsite/A03/moe＿1892/moe＿ 630/201511/t20151113_218942. html，2015-10-23.
［4］范维纲．试论“双师型”教师队伍建设对我国经济发展的战略意义［J］. 武汉交通职业学院学报，2011（1）：5.
［5］靳亚楠．新建本科院校“双师型”教师队伍建设研究［D］. 新乡：河南师范大学，2016.
［6］教育部．国家中长期教育改革和发展规划纲要（2010～2020年）［EB/OL］. http：//www. moe. edu. cn/srcsite/A01/s7048/201007/t20100729_171904. html，2010-7-29.
［7］鲁昕．建设现代职业教育体系：解决就业结构性矛盾的重要举措［EB/OL］. http：//news，xinhuanet. com/2014-03/22/c-119896137. htm，2014.
［8］张应强．地方本科高校转型发展：可能效应与主要问题［J］. 大学教育科学，2014（6）：29～34.
［9］Michael Shattock. 成功大学的管理之道［M］. 范怡红，译．北京：北京大学出版社，2006：155.
［10］丁志同．高校教师转型的内涵及其动力机制析论［J］. 理论导刊，2014（9）：92～95.
［11］2019年中国大学生毕业就业情况、2020年中国高校毕业生人数、就业环境及大学生对就业的前景向往分析［EB/OL］. http：//www. chyxx. com/industry/202002/837558. html.
［12］我国每年超800万高校毕业生2020年高校毕业生人数将达874万人2020大学生就业形势难［EB/OL］. http：//www. chinairn. com：8080/news/20200103/145230102. shtml.
［13］教育部．关于全面深化新时代教师队伍建设改革的意见［EB/OL］. http：//www. moe. gov. cn/jyb_ xwfb/moe_1946/fj_2018/201801/t20180131_326148. html，2018-01-20.
［14］刘永林．双师型教师队伍建设须双管齐下［N］. 光明日报，2018-02-13.
［15］陶卫平．新建应用型本科院校“双师型”师资队伍建设的若干思考［J］. 黄山学院学报，2011，13（4）：91～94.
［16］牟延林．新建地方本科院校怎样实现“二次转型”［N］. 中国教育报，2012-07-19（6）.
［17］联合国教科文组织．教育——财富蕴藏其中［M］. 北京：教育科学出版社，1996.
［18］教育部高等教育教学评估中心．新建院校走新路，应用型发展结硕果——《中国新建本科院校质量报告》解读［EB/OL］. http：//edu. people，com. cn/nl/2017/1016/c367001-29588850. html，2017-10-16.
［19］黄建雄．新建本科院校教师队伍转型研究［J］. 教育现代化，2018（23）：117～120.
［20］董立平．地方高校转型发展与建设应用技术大学［J］. 教育研究，2014（8）：67～74.
［21］田江．刍议新建本科院校双师型教师队伍建设［J］. 教育与职业，2014（12）：72～73.
［22］姚贵平．加强“双师型”专业教师队伍建设的思考［J］. 职教论坛，2001（6）：16～19.
［23］肖凤翔，张弛．“双师型”教师的内涵解读［J］. 中国职业技术教育，2012（15）：69～74.
［24］刘爱群．培养“双师型”教师的意义和途径［J］. 黑龙江高教研究，1998（6）：46～48.
［25］徐莉，魏素珍．培养“双师型”教师队伍的有效途径［J］. 中国职业技术教育，2008（3）：32～33.

2 相关概念界定和理论基础

2.1 相关概念界定

2.1.1 普通本科院校

普通本科院校是指我国实施本科层次教育的普通高等学校。根据教育部2018年统计数据显示，我国共有1245所本科院校，其中，中央直属高校114所，地方高校1131所；2018年本科毕业生人数共计3868358人，在校本科生16973343人，本科招生人数4221590人。值得关注的是，地方高校中有半数以上都是1999年高校扩招政策实施后建立起来的，一般情况下，新建本科院校或者新建地方本科院校就是指这些院校。与教育部直属高校、各部委管辖高校不同，地方本科院校（包含民办和独立学院等本科层次的院校）属于省级管辖或者省市共建，以服务地方为主要办学方向之一[1,2]。

我国经济学家汤敏于1998年向中央递交了题为《关于启动中国经济有效途径——扩大招生量一倍》的建议书，他阐述了5个高校扩招的主要理由[3,4]：第一，和同等发展水平的国家相比，中国的大学生数量非常低（世界银行统计的18～22岁“适龄青年入学率”数据显示，20世纪90年代中期中国是2.4%，加上成人高考是4%；对比之下，韩国51%，印度8%，印尼10%，泰国19%）。第二，1998年国企改革导致大量下岗工人出现，如果大量年轻人进入就业市场与其竞争，我国就业形势将会十分严峻。第三，国家的经济增长目标为8%，但是实现该目标需要扩大内需，此时人们需求最大的应该是教育。第四，我国高校教师和学生比例为7：1，而韩国为33：1，欧美发达国家为15：1～20：1，因此，我国高校有能力消化扩招。第五，普及高等教育关系到整个中华民族的振兴。《李岚清访谈录》中也提到了高校扩招主要是由于我国持续快速发展的经济需要更多高素质人才、广大群众普遍渴望子女能够接受高等教育，扩招可以增加教育消费、拉动内需、带动相关产业发展。

1998年12月，教育部颁布了《面向21世纪教育振兴行动计划》，从1999年开始，我国开始了大学扩招。1999年之前，高校扩招平均增长8.5%左右，但是，1999年普通高等院校招生计划增幅达到42%，实际增幅达47.4%。伴随着高校扩招，新建地方本科院校大批成立，既有从专科层次的职业技术学院、高等专科学校、师范专科学校（教育学院）等单独升格而来的本科院校，也有由原专科层次的职业技术学院、高等专科学校、师范专科学校（教育学院）等与中等专业学校合并升格而来，或由成人高校转制而成；还有新建的民办本科院校，既有由民办专科学校或职业技术学院升格而成，也有一些由独立学院转设为独立建制的民办普通本科高校[5]。新建本科院校的内涵有两点值得一提，其中“升格”是指学校办学层次的提升，由原来的专科层次升格为本科层次；“新建”主要体现在时间和内涵上，时间上的“新”是指本科办学时间不长，缺乏本科办学经验；内涵上的“新”表现在相对于传统大学而言，新建本科院校具有新建期、应用型、地方性这三个显著的特征，主要体现在学校新的服务方向、新的办学定位和人才培养目标上[6]。目前，我国新建地方本科院校占全国普通本科院校一半以上，在高校扩招进程中发挥了重要作用。它们一般不在直辖市和省会城市，与其他本科院校相比，它们的财力、资源有限，与当地经济发展有着密切关系，为当地经济、文化发展服务。

2.1.2　普通本科院校转型

我国的高校扩招政策以“拉动内需、刺激消费、促进经济增长、缓解就业压力”为目标，其实施确实提高了我国高等教育毛入学率，推动我国高等教育初步进入大众化教育阶段，提高了我国的国民素质；同时，拉动了内需，形成了新的经济增长点，增加了人们对教育的投资和消费，带动了教育产业的发展，缓解了就业压力。值得关注的是，高校扩招也引发了一系列的问题，比如，教育质量下滑、基础设施不足、师资力量缺乏、人才培养结构和质量与经济结构调整和产业升级需求相矛盾、就业难、用工荒。2006 年，国务院指出要适当控制招生增幅，切实把重点放在提高教育质量上；2007 年起，教育部开始放慢扩招增幅；2008 年教育部首次表示 1999 年的大规模扩招太急促。

由于新建本科院校组建的时间不长，与老牌本科院校存在一定的差距。为了解决以上困境，国家层面开始高度重视新建地方本科院校转型，引导其向应用型高等职业教育转型，在本科层次上办高等职业教育。《国家中长期教育改革和发展规划纲要（2010～2020 年）》明确提出：“要根据国家和区域经济社会发展需要，建立动态调整机制，不断优化高等教育结构，优化学科专业、类型、层次结构，促进多学科交叉融合，重点扩大应用型、复合型和技能型专门人才的培养规模。”随之，国家开展了一系列调研活动，并出台了一系列文件引导地方本科院校转型（见表 2-1）。

表 2-1　国家引导地方本科院校转型文件

时间	文　　件	本科院校转型意见
2013 年 11 月	国务院《中共中央关于全面深化改革若干重大问题的决定》	加快现代职业教育体系建设，深化产教融合、校企合作，培养高素质劳动者和技能型人才

续表 2-1

时间	文　件	本科院校转型意见
2014 年 1 月 9 日	教育部《关于地方本科高校转型发展的指导意见》（征求意见）	确定一批试点高校和专业（集群）向应用技术类型高等教育转型发展；引导试点高校以培养生产服务一线的高层次技术技能人才为主要任务，形成产教融合、校企合作的办学模式，直接融入区域发展、产业振兴和技术进步，深度融合职业教育、高等教育和继续教育，探索出一条建设中国特色应用技术类型高等学校的发展道路
2014 年 5 月 2 日	国务院《关于加快发展现代职业教育的决定》	采取试点推动、示范引领等办法引导一批普通本科高等学校向应用型高校转型
2014 年 6 月 16 日	教育部、国家发展改革委等六部委《现代职业教育体系建设规划（2014～2020 年）》	支持本科高等学校实行综合改革，向应用技术类型高校转型发展
2015 年 3 月 5 日	国务院《2015 年政府工作报告》	全面推进现代职业教育体系建设，引导部分地方本科高校向应用型转变
2015 年 3 月 13 日	国务院《关于深化体制机制改革加快实施驱动发展战略的若干意见》	加快部分普通本科高等学校向应用技术型高等学校转型
2015 年 10 月 21 日	教育部、国家发展改革委、财政部《关于引导部分地方普通本科高校向应用型转变的指导意见》	明确办学思路范围、转型基本思路、转型发展的主要任务。进一步明确了转型主体是学校，责任在地方
2015 年 10 月 29 日	中国共产党第十八届中央委员会第五次全体会议《中共中央关于制定国民经济和社会发展第十三个五年规划的建议》	鼓励具备条件的普通本科高校向应用型转变
2019 年 2 月 13 日	《国务院关于印发国家职业教育改革实施方案的通知》	到 2022 年，职业院校教学条件基本达标，一大批普通本科高等学校向应用型转变，建设 50 所高水平高等职业学校和 150 个骨干专业（群）

蔡芬指出，与传统的普遍本科高校相比，地方本科院校转型发展成具有职业教育特征的应用型大学，他们在培养目标、办学模式、教学形式、科学研究、教师队伍等方面存在一定差异[7]。在培养目标上，传统的普通本科院校比较重视教学型、研究型人才，应用型本科高校比较重视应用型、技术技能型人才；在办学模式上，传统的普通本科院校以学校封闭办学为主，应用型本科高校强调产教融合、校企结合；在教学形式上，传统的普通本科院校以课堂教学、知识传授、知

识检验和知识应用为主，而应用型本科高校是现场教学、实训、技能应用、技巧形成为主；在科学研究上，传统的普通本科院校的教师是教学研究性，而应用型本科高校的教师是双师型。

在国家出台相应文件的同时，应用技术大学（学院）联盟与地方高校转型发展研究中心于2013年6月在天津职业技术师范大学成立。在“试点先行、示范引领”的行动战略引导下，绝大多数省、市、自治区出台政策措施推动地方高校向高等职业技术院校转型。2014年4月，产教融合发展战略国际论坛召开，我国178所高校首次联合发布了《驻马店共识》，表明愿意投身转型改革。截至2018年5月，全国共有300余所地方本科高校成为应用型本科高校试点。“十三五”期间，国家发展改革委、教育部启动实施教育现代化推进工程应用型本科高校建设项目，在全国范围内支持100所应用型高校加强实习实验实训环境、平台和基地建设。新建地方本科院校作为高等教育重要的组织结构，其转型发展呈现区域指向性、市场导向性和地方特色型的特征：以省政府和教育厅为办学主体，以服务区域为目标，以市场需求为导向，立足地方特色，进行特色办学。

新建地方本科院校向应用型高校转型发展是继我国20世纪90年代高考扩招政策之后关系到我国高等教育改革发展全局的重大改革措施。潘威指出，新建本科院校的转型发展适应我国高等教育结构调整和社会经济发展的需要，既有利于加强学校内涵建设和学校特色发展，也有助于推动地方经济和社会发展。近年来，新建本科院校的发展取得了喜人的成就，产学研合作的广度以及深度都在不断增加，服务地方经济社会发展的能力显著提升；师资队伍结构不断优化，教学设施得到了明显改善；建立了内外部质量保障体系，教学质量得以保障；学校重视实践教学，加强对学生职业技能的培训，学生、用人单位以及社会满意。总的来说，新建本科院校的发展取得了令人瞩目的成就，走出了适合自身发展的特色化道路。

但是，在当前的社会条件下，新建本科院校在其发展过程中仍然面临着各种各样的发展问题，如强调学历、学术资格的教师制度与“双师型”教师队伍的灵活用人制度之间的矛盾，教育内部治理结构的相对封闭与行业企业直接参与应用型大学治理的矛盾，大学教育以知识为主和应用型大学以应用为主的矛盾等。近年来，我国关于地方本科院校转型与发展的研究日渐增多。潘懋元、车如山[8]认为地方本科院校在历史、规模、类型、布局和条件等方面存在差异，因此，它们应根据本校具体情况进行应用型发展的定位。张应强[9]探讨了在地方本科院校转型发展中政府的责任，包括将高等教育改革积极纳入法制化轨道从而促进高等教育的市场公平竞争、有效扩大和落实地方高校的自治权等，他还从转型是否可以促进地方本科院校摆脱发展困境、是否可以缓解大学毕业生的就业困难、是否可以完善高等职业教育体系等层面论述了地方高校是否能够达到政策发展目标。

曲殿彬、赵玉石[10]指出，要解决地方本科院校转型过程中的困难，必须解决“政府推而不动、行业合而不做、学校转而不变、教师改而无效”等问题，发挥国家和省级政府指导推进作用、发挥行业企业参与指导作用、发挥学校主动跟进作用、发挥教师主动践行作用。从现有的研究来看，我国对新建本科院校转型与发展的研究正在逐步深入，但对学校发展路径的研究太过于宏观，实效性不足，还应继续加大研究力度。

国外没有新建本科院校、地方本科院校这些概念，但是，很多发达国家类似大学的经验和做法都可以为我国新建本科地方院校转型提供参考，如美国的社区学院、德国和瑞士等国的应用科技大学、澳大利亚的 TAFE 学院、新加坡的理工学院等，它们在国家制度和政策、办学定位、人才培养、教师队伍建设等方面都积累了相当丰富的经验。

2.1.3 “双师型”教师

如 1.5.1 节所述，“双师型”教师是我国本土化的一个概念。1991 年，王义澄题为《建设“双师型”专科教师队伍》的文章在《中国教育报》上发表，其成为首位提出“双师型”教师概念的人。1995 年出台的《国家教委关于开展建设示范性职业大学工作的通知》（教职〔1995〕15 号）指出，“双师型”教师应该占到全校所有专业课和实习指导课教师的 1/3 以上，这样才能基本达到“双师型”要求。该通知是我国首次提出“双师型”教师这一概念的政策性文件。1997 年颁布的《国家教委关于高等职业学校设置问题的几点意见》和 1998 年颁布的《面向 21 世纪深化职业教育教学改革的原则意见》继续使用了“双师型”教师这一概念，然而，文件没有明确解释其内涵。1999 年《中共中央国务院关于深化教育改革全面推进素质教育的决定》提出，职业院校的教师应该具有双重的身份，即“教师资格和其他专业技术职务”。2000 年教育部《关于加强高职高专教育人才培养工作的意见》对“双重身份”进行了明确的解释，职业院校的教师不仅仅是教师，而且还是工程师、会计师等。2002 年《教育部办公厅关于加强高职（高专）院校师资队伍建设的意见》提出了“双师型”教师应该具有的“双重素质”，包括扎实的理论基础和较强的技术应用能力；除此以外，文件还强调，为了鼓励教师向“双师型”教师转型，高职高专院校应该建立相应的激励机制和管理制度，比如在职称、职务晋升和工资待遇提升等方面适当地向“双师型”教师倾斜。2004 年，教育部等七部门出台了《关于进一步加强职业教育工作的若干意见》，进一步从“双重证书”的视角对“双师型”教师的内涵进行了解读，而且从制度上解决了教师难以获得两个系列职称的重要问题。同年，《高职高专院校人才培养工作水平评估方案（试行）》提出了“双师型”教师应该具有“双重职称”，即讲师（或以上）教师职称和中级（或以上）技术职称。

文件还补充说明了这一等级职称的同等条件，更加具体地解释了“双师型”的内涵，使之更具有操作性。2006 年教育部颁布了《关于全面提高高等职业教育教学质量的若干意见》（教高〔2006〕16 号），该文件指出要逐步制定并建立高等职业院校“双师型”教师资格的认证体系、教师任职标准以及教师准入制度，自此，我国的高等职业教育领域正式开始了“双师型”教师队伍建设的相关研究。

双师型教师这一概念一直广泛应用于高等职业专科院校，自教育部提出新建本科院校转型的问题后，该概念延伸到本科院校，尤其是新建地方本科院校。新建地方本科院校向地方应用型大学的转型、理论型人才向应用型人才的转型都在呼唤“双师型”教师。《国家中长期教育改革和发展规划纲要（2010 ~ 2020 年）》明确了“双师型”教师这一概念的内涵，即教师需“持有专业技术资格证书和职业资格证书”；同时，该纲要还指明了“双师型”教师队伍的建设路径，即以相关高等学校和大中型企业共同建设的“双师型”教师培养培训基地为依托，加大培养培训力度，提升职业院校教师获取双证书的能力。2014 年，《关于地方本科高校转型发展的指导意见》明确规定，高校引进或培养的“双师型”教师数应达到专任教师总数的一半以上。2019 年，国务院出台了《国务院关于印发国家职业教育改革实施方案的通知》，该通知明确指出要采取多种措施建设“双师型”教师队伍。从 2019 年起，无论是职业院校还是应用型本科高校，公开招聘的相关专业教师原则上需要具有高职以上的学历以及 3 年以上的企业工作经历，对于特殊高技能人才可以适当地放宽学历方面的要求。从 2020 年开始，职业院校和应用型本科高校基本上不会再面向应届毕业生进行招聘。到 2022 年，“双师型”教师（同时具备理论教学和实践教学能力的教师）的数量应该占所有专业课教师总数的一半以上。

地方应用型大学双师型教师专业发展的素质要求由基本素质要求和专业素质要求构成。基本素质要求表现为培养高级专门人才应具备的教学、科研、社会服务、传承文化等方面的素质要求，对双师型教师除基本素质要求以外的其他素质要求属于专业素质，双师型教师的专业素质要求在双师型教师的内涵里有具体的体现。目前，学术界对于“双师型”教师这一概念的界定有多种说法，尚未达成一致意见，主要包括“双职称”说、“双证”说、“双能”说、“双证双能”说和“双经历双能力说”等五种观点。其中，“双职称”说认为“双师型”教师应具有教师和工程师两种职称；“双证”说“双师型”教师应取得教师资格证书和其他行业、技能的相关证书；“双能”说认为“双师型”教师应既具有理论教学和科研能力，又具备实践应用能力；“双证双能”说认为“双师型”教师应兼具前述的两种证书和两种能力；“双经历双能力说”认为“双师型”教师不仅应具备教学经历和企业经历，而且应具备理论教学能力和实践应用能力。根据以上观点，“双师型”教师可以理解为高职院校和地方本科院校中，既具备理论基础知识、教学能力和科研能力，又同时具备企业经历，并取得相关职业技能资格证书，能够对学生实践提供指导的教师。在新建地方本科院校，对“双师型”教师的学历、职称、素质、能力等方面要求一般要高于高职高专院校，这是由其办学层次、办学定位和人才培养目标上的区别造成的。根据新建本科院校转型后的办学定位、人才培养目标等方面的变化，“双师型”教师除了拥有相关专业的双证书外，还要具备扎实的专业理论基础和知识结构；具有丰富的实践技术操作经验和教学能力；具有先进的创新意识和创业精神；具有发现问题和解决问题的能力；具有较高水平的科研能力，能够开展应用性科研。

2014 年颁布的《教育部关于地方高校转型发展的指导意见》进一步指导了“双师型”教师队伍的建设与发展。关于师资引进，该文件指出，专兼职教师要从优秀的企业技术人员及管理人员中积极选拔，将应用技术类型高水平师资培养纳入中央和地方各类人才支持项目，支持高校通过地方政府专项资金、企业和社会捐赠讲席等各种方式引进紧缺的高水平双师型教师，并加大海外人才的引进力度。关于师资培养，文件指出高校应有计划地选送教师到企业接受培训、挂职工作和实践锻炼，支持试点高校教师国外访学、开展合作研究，在青年骨干教师出国研修项目适当增加试点高校选派计划，从试点学校派团队到国外应用技术类型高校学习先进办学模式和管理经验，并纳入国家公派留学项目予以支持。关于教师评聘，文件指出，试点高校要改革教师聘任制度和评价办法，逐步使大多数教师既具有较高的理论水平，又具有较强的实践能力，使“双师型”教师占专任教师的比例逐步达到50%以上，在教师绩效考核、职务（职称）评聘等方面向“双师型”教师倾斜。

地方应用型大学除了应该重视“双师型”教师个体的专业发展以外，更应该将“双师型”教师队伍建设作为学校转型发展的重点。“双师型”教师队伍是一个整体，应从整体的角度去看待。“双师型”教师队伍应包括高校教师和行业、企业招聘的具有教师资格的兼职教师。在新建地方本科院校的转型发展过程中，其核心竞争力应该是双师型教师队伍。2019 年，教育部等四部门印发的《深化新时代职业教育“双师型”教师队伍建设改革实施方案》指出，在新时代，国家职业改革提出了新的要求，然而，职业教育教师队伍还存在诸多问题，比如教师数量少、来源单一、校企双向流动不畅、结构性矛盾突出、管理体制机制不灵活、专业化水平偏低等，特别是缺乏同时具备理论和实践教学能力的“双师型”教师和教学团队，这已经成为制约我国职业教育改革发展的核心问题。教师队伍建设是支撑职业教育改革发展的关键因素，应该作为基础性工作来抓。在职业院校双师型队伍建设过程中，应该落实立德树人的根本任务，加强师德师风建设，优化专兼职教师队伍结构，突出“双师型”教师的个体成长以及教学团队建设，切实提高“双师型”教师的教育教学能力和专业实践能力。曾靖指出，教师队伍的转型是新建地方本科院校向应用型高校转型历史背景下的必然要求，学校的政策性指引尤为重要；新建地方本科院校对教师队伍转型的要求必然会改变原有的教师培养格局和资源分配，教师对转型的态度和对转型的担忧都会对转型形成巨大的阻力；教师队伍的转型发展的本质是通过队伍的转型，适应学校转型的大背景，实现学校的育人目标；由于应用型人才培养受环境影响，教师队伍的转型必然是动态的适应过程，在动态调整中寻求最佳匹配方式。这中间又涉及教师队伍转型和教师个体转型的问题。她认为，为了实现教师队伍转型的目标，学校应该从外在的条件、政策等方面促进教师转型，根据组织变革的规律制定相应的政策，提供转型发展的最好条件。新建地方本科院校的转型需要一支专业实践能力强、教育知识丰富的教师队伍作保障，因此，需要将教师队伍转型作为一个系统整体进行研究。对于教师个体而言，教师是学校教育的一线实施者，教师转型的意义在于教师实现从学术型向“双师型”教师的转变，实现教师实践能力和技术应用能力的增强，以及实现教师自身的专业发展；而对于教师队伍而言，其意义在于通过学校对教师群体的组织、管理和培养培训，增强教师群体的双师素质和能力，促进教师队伍的稳定与发展，助力于学校的成功转型。

值得一提的是，目前关于“双师型”队伍建设的研究仍然集中在高职高专等职业院校，在新建地方本科院校的“双师型”师资队伍建设方面，我国的相关研究非常少。新建地方本科院校“双师型”教师队伍的转型发展仍然存在很多的问题，突出表现在以下几个方面：缺少具有专业实践能力的“双师型”教师，难以满足培养应用型人才的需求；新建地方本科院校在教师招聘中依然比较看重学历和理论知识传授能力，而对教师的专业技能和实践教学能力没有硬性要求，致使很多拥有生产一线实践经验的工程技术人员和专业技术人员因为学历的限制无法应聘，从而出现年龄结构、学科专业结构、学历结构以及职称结构的不平衡；“双师型”教师急需进入企业进行实践锻炼，但是，很多校企合作并没有得到有效、深入的开展。另外，由于没有完善的引导和保障教师进行企业实践的政策和制度，教师进企业锻炼的积极性不高，双师素质难以提高。潘威认为，新建本科院校转型发展的关键就在于能否建立一支高素质的应用型教师队伍——“双师型”教师队伍。这主要因为升本前专科院校的教师考核评价体系过多地关注教师的学术水平，过分追求学历高、职称高的教师，而欠缺对教师实践能力的培养，导致了教师队伍结构不合理、教师能力不高的现状。这样的师资队伍建设现状不能满足培养应用型技术技能型人才、开展应用性科研的实质要求，对学校的转型发展不利。“双师型”教师是拥有行企业一线工作经验的教师，他们能够指导学生的学习和实践，增强学生对知识的理解和运用，帮助和促进应用型科研的研发，创新科研成果，这与新建本科院校的发展方向一致。因此学校必须重视对具有行业背景人才的引进；重视将专业教师培养为“双师型”教师；重视校企合作对教师进行培养，提高教师的实践能力，鼓励其考取职业资格证书，逐步扩大学校中“双师型”教师的数量，逐步壮大“双师型”教学团队的规模。总之，新建本科院校的转型发展必须重视“双师型”教师队伍的建设。学者普遍认为由于新建本科院校办学基础较差、位置偏远、所处地区经济发展水平不高，再加上办学时间短、本科教育缺乏经验等方面的限制，教师队伍建设在教师数量、师资结构、教师能力与素质、制度建设等各个方面均存在问题。目前，新建本科院校中的“双师型”教师还处在初步发展的阶段，他们还有很大的发展空间和强大的发展潜力，虽然“双师型”教师队伍发展的框架已经基本搭建完成，但缺乏实践的验证。从现有研究现状可以看出，我国已经有较多的对新建地方本科院校转型的研究，而对于新建地方本科院校“双师型”教师的转型与发展、“双师型”教师队伍建设的研究仍然很少，研究内容较浅，主要是关于本科层次“双师型”认定资格、能力与素质、培养方式等方面的研究，且研究不完善，尤其是许多研究者提出的“双师型”教师队伍的发展路径没有结合新建本科院校的实际状况，实效性不强。在我国普通本科院校的转型发展过程中，建设一支师德高尚、技艺精湛、专兼结合、充满活力的高素质“双师型”教师队伍具有重要的实践意义，也为新建地方本科院校的全面、协调和可持续发展提供重要保障。在未来，需要更多的研究深入了解双师型教师及教师队伍的转型发展实践。

2.2 “双师型”教师队伍建设的理论基础

2.2.1 教育的内外部关系规律理论

1966～1976 年“文化大革命”严重地冲击和破坏了我国的教育事业。“文化大革命”结束之后，我国的教育领域，特别是高等教育领域，开始反思教育理论和教育实践上的失误，掀起了对教育本质和教育规律的追问与探寻。1979 年，余立在《教育研究》发表了题为《根据实践是检验真理的唯一标准探讨教育工作规律》一文，紧接着刘佛年又在该刊发表了题为《三十年来我国对教育规律的探索》一文。这两篇文章的发表标志着我国正式拉开了探讨、研究教育规律的序幕。1980 年，厦门大学的潘懋元教授被湖南大学邀请到高等院校领导干部教育科学研究班进行讲学，他正式提出了教育的两条基本规律，即教育的外部关系规律和教育的内部关系规律，他将二者合称为教育的内外部关系规律。这一理论一经提出便引起热议，在我国教育界引起了巨大反响。潘懋元教授认为教育本质研究是关于教育社会属性的研究，教育具有不同的社会属性。他思考和研究了教育与社会大系统之间的关系以及教育与社会大系统中的政治、经济、文化等子系统间的关系。与此同时，他从教育的功能入手分析和研究了教育的规律，认为教育具有促进人和社会双重发展的基本功能。从教育的内部关系来看，教育是一项培养人的活动，它存在一个基本规律；从教育与社会的关系这种教育的外部关系角度来看，也存在一个基本规律。此后，潘懋元教授又著书《高等教育学》和《高等教育学讲座》等，更加全面地阐述了教育的内外部关系规律理论。

潘懋元教授指出，列宁在《哲学笔记》中对规律进行了定义，他认为规律是关系本质的关系，或者是本质之间的关系。潘懋元教授将教育外部关系规律中的“外部”解释为范围、系统的外部，而不是相对于内在本质的表面现象的“外部”。教育的内外部关系规律理论主要包括以下几个方面的内容：

（1）根据教育的外部关系规律，整个社会系统是一个大系统，它包括教育系统、政治系统、文化系统、经济系统等多个子系统。教育系统与其他社会子系统之间存在本质的相互关系规律。教育的外部关系规律最重要的内容就是教育与社会发展相适应。这里的“适应”具有两个方面的含义，一方面，教育受到社会经济、政治、文化等系统的制约，这是前提；另一方面，教育需要为社会经济、政治和文化等方面的发展服务，这是方向。除此以外，潘懋元教授特别强调“适应”具有“主动适应”和“多维适应”两方面的内涵。就我国的具体情况而言，教育必须适应我国社会主义社会的发展需要，为社会主义政治、经济、文化的发展培养全面发展的人才。

（2）根据教育的内部关系规律，教育是一个相对独立的系统，它包括多个子系统，这些系统之间也存在相互关系规律。教育的内部关系规律具体包括三个方面的关系：第一是教育与教育对象的身心发展和个性特征之间的关系。教育的整个过程受到教育对象的身心发展及个性特征的约束；同时，教育也要引导和帮助教育对象朝着既定培养目标前进。第二是人的全面发展与教育的各个组成部分之间的关系。人的全面发展是指德育、智育、体育、美育等各个方面的和谐发展，而教育必须为促进人的全面发展服务。第三是教育的三大要素，即教育者（教师）、教育对象（学生）和教育影响（教育载体、媒体）之间的关系。其中，教育对象和教育影响之间的关系是第一层次的关系，教育影响的具体内容之间的关系为第二层次的关系，教育三大要素之间的关系为第三层次的关系。总体来讲，教育的内部关系规律就是指教育作为“培养人”的过程的三大要素之间的关系和作用的总和。潘懋元教授指出，教育的内部关系规律强调的核心内容是教育必须正确、全面地协调德育、智育、体育、美育等各个方面的关系，进而促进学生的全方位发展，如果只强调其中的一育，势必会违反教育的规律。

（3）就教育的两条规律的关系来讲，教育的内部关系规律和外部关系规律相互起作用，内部关系规律的运行受外部关系规律制约，外部关系规律需要通过内部关系规律来发挥作用。具体来讲，教育人、培养人的工作必须有社会经济、政治、文化条件的支持；反过来，教育主要是通过培养人来满足社会各方面的需要。潘懋元教授进一步指出了内部规律的运行受外部规律制约的原因，他认为，培养目标的制定、专业与课程的设置、教材的选择等必须适应社会的需要。从更深层次来看，社会主义现代化建设需要的人才必须德才兼备、身心健康，所以，教育需要正确处理好德育、智育、体育、美育等之间的关系。从教育价值观视角来看，教育的内外部规律也在一定程度上反映了社会价值观。教育体制具有一定的独立性，但其独立性是相对的，不可能完全摆脱外部的社会经济、政治、文化而“独立”。潘教授指出，外部规律要通过内部规律起作用，因为教育是培养人的活动，培养人的活动必须按照培养人的规律也就是教育内部关系规律来进行。不遵循内部规律，人才培养不出来，或者培养的人才质量低，不能满足社会的需要，不能为经济、政治、文化的发展服务。教育的内外部规律无处不在，掌握好这两条规律，在研究问题、解决问题、指导实践时能够帮助看清复杂的教育现象，较为恰当地解决问题，进而做出较为正确的决策。此外，教师、教学管理者都必须遵循教育的内部规律和外部规律，因为它们都是基本规律。如果抛弃教育内部关系规律的作用而只强调教育外部关系规律的作用，或者以经济规律、政治规律代替教育规律，势必将导致教育质量的下降，贻误人才的培养[11]。

在创建教育的内外部关系规律理论的过程中，潘懋元教授弄清了教育的本质，他坚持教育价值的多元化原则，并且合理运用了系统论以及复杂性理论。潘教授认为教育在本质上是一种培养人的社会活动，这是教育属性的核心特征，也是教育与其他社会活动最大的不同之处。正是因为教育是一种社会活动，所以必须把它放在社会这个大系统之中开展活动。潘教授对教育本质属性的认识得到了教育学界的普遍认同。教育的内外部关系规律理论极大地促进了我国教育理论的科学化进程，是我国教育领域重要的历史性理论成果，对我国高等教育学学科、高等教育领域的改革与发展都发挥着重要作用。

第一，该理论解释了我国教育实践中出现的各种问题，为各种杂乱的经验知识提供了系统化的统一描述，也为教育理论体系的科学性奠定了基础。在该理论提出之前，教育界对教育基本规律的把握是含混不清的，甚至没有哪位专家学者能明确指出教育到底有哪些基本的规律。当时的教育学研究主要针对教育现象与教育规律，出现了理论研究的滞后现象，这是对教育理论研究莫大的讽刺[11]。在潘懋元教授明确提出了教育内外部关系规律之后，教育的基本规律研究迅速成为研究热点，形成了百家争鸣的局面。该理论对我国教育界产生了重要影响，不管是在学术界，还是在教育实践领域。比如，教育辞典、教育学方面的教材和文章纷纷引用该理论，在全国教育科学规划领导小组办公室主笔的新中国成立以来第一个《我国教育学学科研究现状与发展趋势调查报告》中，不仅介绍了教育的内外部关系规律这一重要学术观点，而且还在多处使用该理论分析了我国教育科学研究的现状和发展趋势。

第二，该理论具有一定的学科价值。教育的内外部关系规律是高等教育学的基本理论，也是建设高等教育学的学科体系和基本理论框架的重要基础。潘懋元教授主持编写的《高等教育学》奠定了他在高等教育界的学术地位。全书共分为13章，除了第一章对高等教育的发展历史进行梳理和最后一章对高等教育的展望以外，其余各章均与教育内外部关系规律相联系。第2章直接提出了该著作的理论基础——教育的内外部关系规律，接下来的10章分别论述了教育内部关系规律和教育外部关系规律这两大规律涉及的主要论题，如教育内部关系涉及的高等教育人才培养问题、课程的设置问题、德育方面的问题、如何满足学生的全面发展等重要问题；以及教育外部关系规律涉及的教育的宏观结构与运行机制问题、高等教育改革中政治、经济、文化的各种交互作用问题。这些构成整个高等教育学学科的主体内容[11]。

第三，该理论的提出开启了教育规律理论研究的新思路。1980年，潘懋元教授在湖南大学讲学时不仅正式提出了教育的内外部关系规律这一观点，而且通过湖南大学内部发行了题为《高等教育学及教育规律问题》的小册子，其理论通过此途径得到了广泛传播。此后，潘懋元教授的《高等教育学》和《高等教育学讲座》等著作被人民教育出版社、福建教育出版社联合出版，推动了教育的内外部关系规律理论的传播。此后，虽然学术界从未间断过对教育本质问题的讨论，但是，没有产生太多的新观点，也没有再形成教育的内外部关系规律提出时产生的热烈的争鸣局面。教育的内外部关系规律引导人们用科学的思路研究教育的本质问题，既不能就教育谈教育，也不能不就教育谈教育，应该从内部和外部两个方面深层次地看到教育规律的主要问题。教育的内外部关系规律向传统的就教育论教育的思路提出了挑战，从多学科视角对教育规律的探寻开始兴盛起来。在教育的内外部关系规律提出之后，关于教育规律的理论研究开始展现出新的思路，主要表现在两个方面：一方面，以往就教育研究教育的思路被彻底打破，人们开始密切关注教育与社会政治、经济、文化之间的各种互动关系，多学科视角下对教育规律的探寻开始兴盛起来，研究者们开始从社会学、政治经济学、文化学、心理学等多个学科领域探讨教育问题；另一方面，教育内部各个要素的相互关系研究、全面发展的研究开始兴盛起来。从此，传统的、单维度的研究思路开始被打破，从多维度研究教育规律的时代开启。

第四，该理论具有一定的实践价值。它呼吁人们在办教育时不仅要重视外部规律，更要重视内部规律。该理论强调教育要全面适应而不是片面适应，要主动适应而不是被动适应社会发展，这一观点有重大的现实意义。潘懋元教授在20世纪80年代后期用该理论对市场经济与高等教育改革的关系进行了充分论证，后来，他又运用该理论论证了私立高等教育发展问题、高等教育大众化、高等教育地方化、中国民办高等教育发展及高等教育通向农村等重要问题。教育内外部关系规律理论影响了那个年代教育工作者的思维方式。程少堂[12]指出，自1958

年以来，特别是"文化大革命"期间，形而上学思想较为严重。教育的内外部关系规律理论运用系统思维，有力地反击了形而上学思想，在很大程度上帮助我国教育工作者建立了现代化系统思维方式。"文化大革命"结束后，我国教育领域发生了一系列的变化，系统思维的潜在作用在这些变化中得到了很好的体现，比如人们从只重视知识转变为重视能力，继而变为重视知识与能力的有机统一；从只重视智力因素转变为重视非智力因素，进一步变为重视智力与非智力因素的有机统一；从只重视教学到重视学习，进一步变为教与学的有机统一；从只重视工具价值转变为重视本体价值，进一步变为重视工具和本体价值的有机统一、社会与个人发展的有机统一；在教育发展观方面，从急功近利转变为可持续发展，从重视数量增长转变为数量与质量并重。

在创建了教育的内外部关系规律理论之后，潘懋元教授开始致力于研究该理论在实践中的应用，尤其是解决高等教育发展过程中出现的各种问题。潘懋元教授基于教育内外部规律很好地预见了我国的教育大众化和高等教育地方化趋势。潘懋元教授在《走向21世纪的中国高等教育》一文中预测了21世纪中国高等教育将面临的新挑战，指出不论从中国的经济、政治、文化的发展，或从发展中国家的高等教育形式看，大众化是必然的趋势[13]。我国的许多新建本科院校建校历史比较短，基础比较薄弱、思想准备不足、理论研究滞后、政策引导不力，它们定位不明确，盲目地效仿、追赶时髦，出现了分类不清、定位不明、目标趋同现象，大多数高校的办学模式、发展路径和培养规格相同或相似，大都按照传统精英教育模式培养学生，从而造成了发展滞后的局面。2010年，潘懋元和邬大光在《关于中国高等教育地方化的理论探讨》一文中探讨了高等教育地方化的内涵[14]。他们认为，高等教育地方化最基本的含义是高等教育必须适应地方经济的发展需求，为地方的发展提供服务。此外，他们还认为地方政府应该向地方高校投资，帮助当地高校发展，这也是未来高校发展的基本趋势之一。

潘懋元教授对地方本科院校建设也利用教育内外部规律进行了深入研究。2007年，潘懋元教授在题为《我看应用型本科院校定位问题》的文章中指出，从宏观层面看，我国高等教育发展的重大问题之一就是院校发展方向的单一化和社会人才需求的多样化之间的矛盾。一方面，全国高校不顾自身条件，在定位方向上全部朝着综合性、多样性、研究型高校进发；另一方面，上级教育部门长期用单一化的标准来引导高校发展，以至于同质化情况越来越严重。他参考了联合国教科文组织和卡内基教育促进基金会的大学分类法，在此基础上，他建议建立新型的高等教育学制系统，该系统层次分明，高校类型多样。潘懋元教授主要将高校分成了三种类型[15]：第一类是综合性研究型大学，主要培养研究型人才；第二类是专业性应用型高校，主要以培养理论基础扎实、能够适应不同需要的专门人才为目的；第三类是职业性技能型高校。第一类和第三类高校的发展总体上思路清晰，但以应用型本科为主的第二类高校发展问题仍不明朗。从微观层面上看，1999 年高考扩招以来，许多新建本科院校应运而生，其中很多都是专科院校经过合并、重组或升格后而成立的，这些学校情况特殊、历史长短不一、参差不齐，他们承担着我国高等教育大众化的重任，原本应该朝着应用本科的方向发展，然而，在实际办学过程当中，他们的办学定位、发展路径、教育模式等诸多方面出现了很多问题，也没有形成较为成熟的发展模式。2010 年，潘懋元教授在《什么是应用型本科?》[16] 中提到，应用型本科院校应该具有 4 个基本特征：一是培养本科生，二是教学为主，三是培养应用型人才，四是要面向地方。在特定的发展方向上，应用型本科的选择主要有两种：一种是基于特定行业，并与市场、产业、行业和岗位群紧密联系的“特色型大学”，另一种是基于地市，为当地生产、生活提供服务的地方性高校。应用型本科院校应更加贴近社会现实，积极培养满足社会需求的应用型人才。应用型本科院校与高职院校相比，有一定的交集和相似之处，但也有必要的区别，例如，在高等职业学校理论够用即可，而在应用型高校需要扎实的理论知识，但又不能过于深奥。潘懋元教授还从微观层面对应用型本科在发展过程中出现的问题进行了深入的探讨。在发展目标定位上，他提出，应用型本科院校既要培育自身的特色，又要考虑社会实际和市场需求；在课程教材建设上，他认为应用型本科院校应该从实际问题、实践经验出发，而不是从传统的学科理论开始；在师资队伍建设上，他认为要引进或培养掌握专业知识、熟悉岗位操作、擅长使用各种教学方法的双师型教师。潘懋元教授结合国际上的教师教育研究现状以及和我国高等教育的实际情况指出，高等学校教师发展是指在高校任职的教师，通过不断的理论学习和实践提高和完善自身各方面能力的过程。他将高校教师发展的内涵总结为师德提升、职业知识和技能提高以及学术水平提高等。这和双师型教师内涵相当契合。

目前，地方本科高校转型尚处于起步阶段，它是适应我国社会经济发展需要的结果，然而，推动地方高校成功转型和建设双师型教师队伍尚需要协调好教育的内外部关系规律，既适应社会主义政治、经济、文化需求，又要遵循内部关系规律，关心学生及教师的终身发展，只有做到内外结合、相存相依才能打破传统的单维度研究教育规律，从多维度研究教育规律才能从深层次解决双师型队伍建设存在的问题。教育内外部关系规律理论启示我们教育的规律研究始终在艰难中行进，该理论本身也需要不断地丰富和完善，对转型期地方本科高校双师型教师队伍的实践研究无疑将会帮助进一步深化该理论。

2.2.2　舒尔茨的人力资本理论

人力资本（human capital management）理论最早起源于经济学研究。1776 年，古典经济学派的代表和经济学的创始人亚当·斯密（Adam Smith）在《国富论》中最早提出了人力资本的概念。斯密认为，固定资本包括所有居民或社会成员通过教育、学徒等途径获得的有用的能力，而获得这些能力通常都需要实际的成本。他肯定了劳动创造的价值，并且认可了劳动在各种资源中的重要地位。在此基础之上，他明确指出，人类的劳动能力和劳动水平必然受到劳动技能水平和判断能力的限制。要想提高劳动技能水平必须接受教育和培训，教育和培训都需要时间和学费。在斯密的人力资本概念基础上，很多经济学家也阐述了人力资本思想，但是由于传统观念等原因的束缚，人们仍然把资本限定在实物形态，在实际分析中并未把人力明确地看成是一种资本，难以解释促进经济增长的动态因素。

1960 年，美国经济学家舒尔茨（Theodore W. Schultz）在美国经济学会第 73 届年会上以美国经济学会会长的身份发表了《论人力资本投资》（Investment in Human Capital）的重要的演讲，通过对比第二次世界大战后德国和日本经济的快速复苏与英国经济的缓慢复苏，他指出两国的物质基础虽然在战争中遭到了破坏，但其充裕的人力资本并没有遭到破坏。舒尔茨认为，德国和日本拥有许多高素质的劳动力，这得益于两国的悠久文化传统以及国家层面对教育的重视。德、日两国在战后仍然十分重视教育，储备了充裕的人力资本，促进了国民经济发展，提高了劳动效益，所以，两国经济的迅速复苏得益于其充裕的人力资本。基于此，舒尔茨将人力资本从一般的劳动范畴中独立出来，明确提出影响经济发展的因素很多，但是人的因素最为关键，人的质量的提高是经济发展的主要决定因素。与物质资本相比，人力资本的提高对经济增长的贡献更大。在舒尔茨的人力资本论提出之前，传统的经济理论难以解释许多经济问题。根据舒尔茨的观点，教育应该被视为一种对人的投资，教育带来的成果应该被视为一种资本，受过教育的人更容易获得适当的经济信息，因此，对教育进行投资可以促进经济的增长，人类的未来在很大程度上取决于人口质量和知识投资。舒尔茨开创了现代人力资本理论的研究，人力资本开始成为主流的经济学。1971 年、1981 年，舒尔茨先后出版了《人力资本投资》（Investment in Human Capital）和《人力投资：人口质量经济学》（Investing in People：The Economics of Population Quality）两本专著，系统论述了人力资本理论，在西方经济学界和教育界产生了重要影响，为西方教育经济学的建立奠定了理论基石。1979 年，舒尔茨获得了诺贝尔经济学奖，他被瑞典皇家科学院誉为人力资本研究的先驱之一。

人力资本理论认为资本有物质资本与人力资本两种表现形式。传统的经济学普遍强调物质资本的重要性。物质资本是指物质产品上的资本，包括厂房、机器、设备、原材料、土地、货币和其他有价证券等物力资本的存量规模，尤其是积累快慢，是促进或限制经济增长的主要因素。人力资本是指人身上的资本，是人的能力和素质的总和，即凝聚在生产者身上的知识、技能、经验及其表现出来的能力。人力资本表现为蕴含于人身上的各种生产知识、劳动与管理技能以及健康素质的存量总和，它能够转化为商品和服务进行产出，为人类和社会创造财富与文明，最终实现人类的价值。

舒尔茨认为，人力资本的本质是一种适应能力，当经济社会环境发生变化，特别是外部技术条件发生变化时，高技能劳动者能够较快地适应这种变化，学会使用新技术从事生产活动。

舒尔茨的人力资本理论主要有5个基本观点：

（1）人口研究从只重数量转向数量与质量并重，甚至是人口质量重于人口数量。过去，人们对人口问题的关注大都集中于人口数量的增减变化上，忽视了人口质量对社会经济发展的影响。根据舒尔茨的观点，人力资本是存在于人身上的，它表现为知识、技能、体力（健康状况）价值的总和。一个国家劳动者的数量、质量和劳动时间可以被用来衡量它的人力资本。

（2）和物质资本投资相同，人力资本也是通过投资形成的。舒尔茨认为，人力资本主要体现在劳动者身上，是通过投资形成的并由劳动者的知识、技能和体力构成的资本。他把人口质量视为一种稀缺资源，意味着它具有经济价值，获得它需要成本。具体到货币形态，人力资本主要表现为提高人口质量和劳动者时间价值的各项开支。在现代化经济条件下，人力资本投资的作用比物力资本投资的作用要大。人力资本主要有5种投资渠道，包括营养及医疗保健费用、学校教育费用、在职人员培训费用、择业过程中所发生的人事成本和迁徙费用。教育投资是人力资本的核心，提高人口质量的关键是教育投资，教育投资比物力投资更有利，会带来更多的利润。

（3）人力资本与物质资本相比兼具同质性和异质性。同质性是指人力资本作为一种资本形式，能够为个人及社会的投资带来一定的收益；而异质性是指人力资本和物质资本具有一定区别。物质资本的对象是外在的物质，这类财产既可以被当作商品出售，也可以被当作礼物赠予他人；人力资本是内化于个人的一种能力和素质，这种能力来自后天的训练和培养，无法转让或买卖，只能自己可以加以利用和转化。根据舒尔茨的观点，传统的资本只是简单地假设了资本具有同质性，并没有重视资本的异质性，所以，传统的资本概念不是完整的。舒尔茨建议通过两分法对资本进行分类，即将资本分为人力资本和非人力资本两种。这两类资本都是异质性的，因为它们都是由许多不同的资本形态构成的。

（4）人力资本投资是经济增长的主要源泉。首先，舒尔茨认为，现代经济发展的关键因素是人力。和物力资本投资相比，人力资本投资的收益率更高。人力资本和物力资本的最佳投资比例是二者间投资收益率相等时。如果二者没有处于最佳比例，投资量不足的一方就需要追加投资。其次，舒尔茨认为，自然资源、人的体力劳动等物力资本显然已经无法满足现代经济发展的需求，体力劳动者的智力水平必须提高，而且脑力劳动者的数量必须增加，这些需要通过教育来实现。人力资本有助于提高劳动生产率，教育的发展和健康状况的改善提高了人类的时间价值和能力，从而提高了劳动生产率，使人们靠劳动所挣得的收入高于资产收益，最终促进国民生产总值的提升。舒尔茨指出，未来的经济生产力并不是由空间、能源和可耕地的面积所预先确定的，而将由人类的能力来决定。所以，对人的投资是经济发展的首要任务，也是促进经济现代化发展的核心内容。最后，舒尔茨使用“经济增长余数分析法”对1929～1957年期间美国教育投资与经济增长之间的关系作了定量研究。通过推算，他得出美国的教育投资平均收益率为17%，教育投资增长的收益分别占劳动收入增长和国民收入增长的70%和33%，从这些具体数字上证明了人力资本投资对国民经济增长的重要贡献。

（5）教育是使个人收入的社会分配趋于平等的因素。舒尔茨指出，教育的差别是导致人们工资产生差异的主要原因。人们的收入出现增长、收入差距出现缩小，归根结底是因为人力资本投资的增加促进了国民教育水平的普遍提高，减少了收入不均衡状态，物力资本的投资以及经济收入随之出现了下降。

罗淳认为，舒尔茨的人力资本理论给我们带来了以下启示[17]。

启示一：人力资本理论从理论层面成功预见了世界范围内知识经济的兴起。知识经济与农业经济、工业经济都属于经济形态，它是建立在知识和信息的生产、分配和使用上的经济，从根本上来说，它将人力资本摆在首位。人力资本和知识经济之间的关系犹如理论和实践之间的关系。人力资本理论预测到了知识经济时代的到来，知识经济的真正出现回应了人力资本理论。在当前科学技术迅速发展的国际社会，教育就是生产力，科学技术的发展离不开教育的发展，只有教育得到长足发展，科技才能提高上去。

启示二：在当前社会，贫富差距实际上是“人的能力”之间的差距。舒尔茨的人力资本理论认为，现代经济增长最主要的原因是人力资本的增加，而物力资本的增加只是次要原因。在一定程度上可以说发达国家与发展中国家之间的差距是人力资本投资的差距、知识的差距。目前，发达国家拥有世界上90%以上的科技投入、专业人才和科技活动，美国、德国、日本、澳大利亚、新加坡等发达国家高等职业技术教育非常成熟，都具有一支高能力、高素质的高等职业技术双师型教师队伍，培育了一批批精干的高等职业技术人才。这启示我们人才是一个国家或民族摆脱落后的最重要的资本。我国一系列大力发展高等职业教育和引导地方本科院校转型的政策、文件的制定、颁布和实施正是因为政府意识到了科技和职业人才的重要性，致力于建设一支较高素质的劳动大军。

启示三：在人力资本理论和知识经济发展的影响下，人们对权力和财富的认识正在发生改变。舒尔茨的人力资本理论认为，在传统的生产格局中，劳动力居次要地位；但是，其在经济生产过程中发挥的作用越来越大。人力资本实际上是无形的财富和权力基础，它比黄金、货币和土地等有形财富更具灵活性。因此，人们需要更新观念，与人力资本和知识经济同栖与共。

启示四：科研向生产的转换将越来越快，甚至直接面向市场，获取经济效益。当前，市场的竞争日益讲求科技含量，国际上许多大企业都在不断加大对高新技术利用与高新产品开发的科研投入，以期抢占市场竞争的优先权与制高点。德国的双元制以及新加坡的教学工厂很好地诠释了高等职业教育与企业高新技术研发密不可分的关系，在这些发达国家的高等职业教育里，教育与企业融合在一起，有着互惠互利的关系，双师型教师的企业实践经验丰富，具备把握最新信息技术发展动态的能力，和企业合作共同开发高新技术产品，这引发了我们对我国当前高等职业教育与双师型教师培养机制的反思。

此外，舒尔茨的人力资本理论对我国高等教育，尤其是高等职业教育及双师型队伍建设具有重要启示。经济增长的源泉包括劳动、资本、技术进步和人力资本4个方面，其中，教育的发展是技术进步和人力资本提高的前提条件。换句话说，教育在经济与社会的发展过程中发挥着重要作用。在一定意义上来说，知识经济就是由教育来支撑、由教育发展决定的，也就是说，教育的发展是知识经济发展的现实基础，而知识经济为教育发展提供了机遇。舒尔茨不同意将教育支出视为一种纯粹的消费行为，他指出教育并不与食物一样都是消费品，所以，公共教育支出并不是国家的一种负担，也不会降低国民可用于投资的储蓄量。他认为教育能够提高人们的知识和技能，从而增加将来的收入，因此，他主张将教育作为人力资本的最大投资。基于舒尔茨的人力资本理论，我们发现不管对于个人还是对于整个社会来说，教育投资是人力资本的核心，它既是一种消费性活动，又是一种投资活动，而且是可以产生丰厚收益的生产性投资。从个人角度来看，教育可以帮助提高个人的人力资本，一个人的教育水平越高，其工资收入也相应地越高；从社会角度来看，教育为社会培养人才、提高劳动者素质，进而提高科学技术、促进社会和经济的进步与发展。

夏茵[18]指出，自改革开放以来，我国的经济增长速度在国际上名列前茅，然而，我国对教育的投资很少，教育经费和预算内教育经费占我国财政总支出的比例一直比较低。我国公立性高校较多，而且主要依靠国家财政投资。但是，从整体上来看，我国教育投入不足，这在很大程度上限制了高等教育的投入，甚至引发了高等教育与义务教育在资源争夺上的矛盾。自高考扩招以来，我国高校大幅度扩大招生规模，资源短缺的矛盾愈加突出，出现了投资不足与人力资本投资效益不高并存的问题。此外，由于我国财政总收入减少，很多财政投资主要通过预算外方式，这种支出方式不能大量用于教育领域，再加上大量的民间投资无法投向高等教育，因此，教育投入不足是阻碍我国高等教育事业发展的重要原因之一。高等教育人力资本投资不足导致我国教育和培训能力不高且投资渠道狭窄，办学条件不高，劳动力的整体教育水平低下，国民素质普遍较低，中高端技术人才严重短缺，教育和培训机构的综合能力不高，难以满足国际竞争和产业结构调整的需求。在高校里，师生的时间资源浪费现象普遍。为了弥补教学和学习投资的机会成本，师生做兼职的现象较为普遍，因此，他们的工作和学习效率不高。我国高校还没有完善的学术评估制度，学术成果质量参差不齐，成果转化问题严重。另外，高校普遍缺乏科学的成本核算和竞争机制，在制度安排方面忽略了成本效益在高校经济运行中的重要作用。

针对我国高等教育人力资本投资出现的问题，国家、高校、教师、企业都应该改变传统的高等教育投资理念，合理投资，共同解决当前难题。从国家层面上来说，应该加强宏观调控力度，提高人力资本的使用效率，促使人力资本成为我国经济发展的核心。夏茵[18]认为政府应该首先了解各行业的人力资本需求，提供政策咨询、供求信息咨询、择业指导、人才测评、争议仲裁、契约签订等多项服务，以适应当前市场机制的运行速度；政府应根据市场经济规律制定相关的法律法规，完善用人制度，尤其是关于毕业生的各项法规，将人才市场常年面向毕业生；政府应将劳动力市场和人力资本市场分离开来，建立专门的人力资本市场，吸引国际人力资本，实现人力资本市场的城乡和区域统一；政府应该制定严格的考试和录取制度，使高质量人才真正脱颖而出，除了增加对基础教育和落后地区的教育投资以外，政府还应该加大对职业技术教育的投资，培养适应市场需求的多层次人才。很多发达国家的“双师型”教师无论是社会地位还是工资待遇都很高，而我国教师的待遇却普遍较低。就“双师型”教师队伍建设而言，政府应完善教师招聘方案、培训体制，加大培训进修投入，全面提升教师工资和津贴标准，为建设高水平的“双师型”教师队伍建设打好基础。

就高校而言，高校是培养人才的重要基地，教师是稳定的人力资本，只有重视教师才能培养高质量人才。高校教师的人力价值不仅在于培养人才，而且体现在他们对学术研究和社会产出的贡献上。合理开发高校教师的人力资本对促进我国科技和文化发展都具有重要意义。发展高等职业教育就要合理开发和利用“双师型”教师人力资本，创造良好的“双师型”教师成长环境，建立有效的激励机制和教师队伍建设长效机制。除了政府的政策和财力支持以外，高校也应制定相关的政策和制度为“双师型”教师的培养和发展提供保障，如切实保障教师定期培训和进修、拓宽渠道、建设平台、寻找校企合作机会、为“双师型”教师的实践教学工作提供场地等。高校应该从物质、精神、情感、目标各方面出发，建立有效的教师激励机制[19]。物质激励包括工作环境优化、职称晋升、业绩奖励与课时津贴等，同时需要平衡业绩激励和课时激励之间的关系，防止教师专注研究忽视教学，不仅要按劳分配，还要按智分配。根据教师贡献大小进行多劳多得分配。遵循激励性与竞争性原则，按贡献分配收入，切实体现教师资本价值，提高教师主观能动性。营造良性竞争环境，更利于优秀人才引入与发展。精神激励包括参与校内管理、出国交流、参与学术会议、学术研究等方面，防止教师出现职业懈怠，激发其工作积极性。鼓励教师参与具有挑战性的工作，展现多方面能力，充分发挥人力资本价值。情感激励方面，根据教师精神状态，适时适当地提供荣誉、职称、旅游等情感激励，满足教师情感需求，以及其渴望得到师生与领导认可的需求。根据高校事业发展需要，实现学校目标与教师目标的有机结合，要求各院系制定目标，并分解目标，体现在教师身上的目标应当具体且具备可操作性；提高教师对发展方向、目标价值的认可度。围绕教师的特征与喜好设置目标，实现人力资源高效利用。根据总结反馈完善考核机制，定期考核目标完成情况，了解教师工作态度与目标效率。与此同时，高校应借助大数据的东风构建教师云系统，运用大数据分析技术，收集整理与分析教师相关数据，在教师引进、教师管理、教师激励各方面实现精准化配置。实现教师团队精细化管理，全面提高教师管理成效。借助人才测评技术，包括教师工作时间利用、简历数据等相关数据信息，最终实现隐性特征的显性化以及人力资本高绩效的自动化。

总而言之，教育必须提高人力资本投资才能最终推动经济和社会的发展。因此，“双师型”教师个人需要通过不断提高人力资本，实现个人价值，进而才能推动高校和国家经济技术发展。从高职教师个体层面来看，高职教师个人的专业化水平高低会影响高职教育的质量和水平，高职教师只有不断提高自身的知识、能力和水平，并将它们传授给学生，才能促进我国经济的快速发展。第一，“双师型”教师应具有终身学习理念，不仅要掌握必要的理论知识，更应及时了解和学习最新科学技术及市场需求，积极参加相关培训和实践，努力提升个人素质与能力。第二，“双师型”教师应积极开展项目研发工作，寻求与企业高技术人才的合作，为科技发展作出实质性贡献。第三，“双师型”教师应积极寻求与其他教师的合作，建立“双师型”教师队伍，提升团队意识和团队合作精神，为高水平、高能力、高素质教师队伍的建设目标共同奋斗。

舒尔茨的人力资本理论强调了人力资本对社会经济发展的重要性，加深了人们对教育与经济社会发展之间的关系的认识。在这一理论和经济发展需要的相互刺激下，教育的经济主义思潮获得了极大的张力。但是，该理论也有一些不足之处。舒尔茨人力资本论从宏观的角度、站在社会的立场上考虑了人力资本对社会经济的影响，但是，他并没有从微观角度对人力资本论进行阐述；人力资本理论着重从经济角度衡量和研究教育问题，容易忽视教育的主体价值；他没有将人力资本投资的诸项因素具体化。

2.2.3　教师专业化理论

专业（profession）是经过专门教育或训练，具有较高深和独特的专门知识与技术，根据一定的专业标准开展专门化活动，解决人生和社会问题，促进社会的进步并获得相应报酬待遇和社会地位的专门职业。专业的构成有八大要素：完整的知识系统、长期的培养训练、严格的资格证书、较大的自主权力、不断的在职进修、健全的专业组织、良好的职业道德、较高的社会地位。专业化是一个社会学概念，同时，它也是一个科学的、庞大的、不断完善的过程。霍尔提出了专业化过程的14个特点：清楚地定义专业的功能，掌握理论知识，解决问题的能力，实际知识的运用，为维护前途而进行超越专业的自我提高，在基本知识和技术方面的正规教育，对能胜任实践工作的人授予证书或其他称号，专业亚文化群的创建，用法律手段强化专业特权，公众承认的独特作用，处理道德问题的道德实践和程序，对不符标准的行为的惩处，与其他职业的关系，对用户的服务关系等[20]。

欧美发达国家于20世纪60年代开始开展高校教师专业发展方面的研究，在初始阶段，学者们主要从事教师专业发展阶段研究。美国著名学者富兰西斯·富勒（Frances Fuller）最早在他编制的《教师关注问卷》（Teacher Concerns Questionnaire）中开始了教师专业发展阶段理论研究。他将教师的职业生涯分为教学前关注阶段、早期生存关注阶段、教学情景关注阶段、学生关注阶段四个阶段。他认为一般情况下教师首先关注自身，然后关注教学任务，最后才发展到关注学生以及自身对学生的影响。此后，很多学者开展了教师专业发展阶段研究，丰富并完善了教师专业发展理论。通过研究学前教师的发展需求，美国学者卡茨（Katz）将教师专业发展划分为四个时期，即求生存时期、巩固时期、更新时期以及成熟时期。20世纪70年代末，伯顿（Burden）等学者经过研究归纳将教师专业发展阶段划分为生存阶段、调整阶段和成熟阶段三个阶段。求生阶段指刚入职的教师对环境还不是很熟悉，没有实际的教育教学经验，对于教学活动只有有限的知识，一切都处在适应过程中；在进入教学第2~4年阶段，教师已经具有了一些经验，此时他们愿意尝试一些新的方法来更好地了解学生、提升教学；进入第5年或5年以上，教师的经验更加丰富，对教学活动驾轻就熟，并且对教学环境已经有了充分的了解和熟悉。费斯勒（R. Fessler）认为教师职业发展是作为发展中的人的教师与环境相互作用的结果，他将教师的职业周期分为8个阶段：职前阶段、入职阶段、能力形成阶段、热心和成长阶段、职业受挫阶段、稳定和停滞阶段、职业倦怠阶段和职业退出阶段。他指出，教师的职业发展是动态的、非线性的。

教师专业化是全球教师教育改革和教师职业发展的一大趋势。1966年，联合国教科文组织和国际劳工组织共同签署了《关于教师地位的建议》，首次较为明确地规定了教师专业化发展的内涵、内容及要求。该建议指出：“教育工作应被视为一种专业。这种专业要求教师经过严格且持续不断地研究才能获得并维持专业知识和专门技能，从而提供公共服务；教育工作还要求教师对其教导之学生的教育和福祉具有个人的和共同的责任感。”文件指出，加强专业化是指教师要经过严格的训练，包括通过持续性的学习与训练，最终获得某种专业认识和专门的技术，并且将它们保持到整个职业生涯过程之中。1986 年，美国卡内基基金会教育与经济论坛发布了题为《国家为培养 21 世纪的教师做准备》的报告。报告也明确指出，教育是一种专业，教师是专业人员，国家的成功在于高质量的教育，在于建立一支受过良好教育的教师队伍。

国内外关于教师专业化的定义很多，学者们从不同方面、不同角度定义了教师专业化这一概念。

佩里（Perry）指出教师专业发展赋予的内涵是极其丰富的，它包括教师个体自信的增强、教学技能的提高以及对所任教学科目的拓展与升华，尤其体现在教师开始重视自我在课堂上的教学效能与教学质量。从积极的角度出发，他认为教师专业发展并非局限于知识与技能范围，在某种程度上来说，教师专业化发展是艺术化的体现之一。

伊文思（Evans）指出，教师专业发展的基本内容包括态度与功能两个方面，态度方面是指教师对待教学工作、自身发展的态度有了确切的改善，功能是指教师所做工作产生的具体效益。

哈格里夫斯（Hargreaves）提出教师专业发展不能只把重心放在专业知识与技能上面，师德、政治态度、情感态度同样要作为教师专业发展的重要因素。哈格里夫斯和古德森（Goodson）提出了教师专业化的七项原则[21]：第一，教师对于所教内容的价值以及它们的目的，包括核心的课程设置和对体现这些价值及目的的各种相关问题的评估，具有参与机会的愿望；第二，在教学、课程设置以及关怀、影响学生方面，教师行使自主判断的机会和责任不断增加；第三，承诺在一种相互帮助、相互支持的合作氛围中与同事协作，运用共享的专门性技能和知识解决当前专业实践中存在的各种问题，而不是将共同合作作为一种功利性的手段去完成他人外在的命令；第四，它是一种职业性他律，即教师的工作既不失其权威性，又是开放的和合作的，是在更广泛的范围中与他人特别是家长与学生展开的合作性工作；第五，它是一种主动关心学生的承诺；第六，它是一种自主的研究和自己专业技能、知识和行为标准相关的持之以恒的学习探索；第七，它应该具有对更复杂和更高的任务的创建和认识，随着这种复杂性的提高，其地位和收入层次都应得到相应地提高。

戴（Day）将教师专业发展界定为教师为了保障校方、学生、社会的利益而进行自然学习、参与各种组织活动的过程，并强调这是有利于提高教师课堂教学质量的过程，教师在自身专业发展过程中收获知识的同时不断学习与接收优质的专业理念、技能以及共情能力。

国内学者叶澜[22]认为教师专业化是教师的专业成长或教师内在专业结构不断更新、演进和丰富的过程。刘桂林[23]认为教师专业化具有教师个体专业化和群体专业化两个方面的含义。教师个体专业化是指教师作为个体在职业生涯过程中内在的专业性的提高，是教师的专业成长或教师内在专业结构不断巩固和完善的过程；教师的群体专业化是指教师这一职业群体从非专业、准专业转向专业性的过程。黎维红[24]同样认为，教师专业化贯穿于教师的整个职业生涯过程当中，它是教师通过专业教育和培训、终身学习等途径不断积累专业知识和技能，并通过专业实践不断提高自身的专业素质的过程。

2019 年，第 45 届国际教育大会召开，主题为“加强变化世界中教师的作用”，会议再一次强调了教师在社会变革中的作用，为了提高教师的专业地位，必须给教师更多的自主权以及责任，提高教师使用新技术的能力，坚持让教师参与教育变革，保证他们与社会各界保持合作关系。

刘秀江和韩杰[25]指出，教师专业发展表达的最根本观点是教师是专业人员。只有把教师看成专业人员，才真正确立教师的本体意识和首创精神。从个体角度看，教师专业发展的概念主要是指通过教师系统周全的努力来实现教师专业实践、信念的完善以及加强对学校学生的认识程度。教师的专业发展至少包括职业道德与修养的发展、文化素养与新观念的发展、业务技能的发展、反思提高的发展等四个方面。从群体角度看，教师的专业发展特指教师这一特殊群体的专业发展。教师专业化的基本内涵应包括以下几个方面：教师专业分为学科专业性和教育专业性；国家有教师教育的专门机构、专门的教育内容和措施；国家有教师资格和教师教育机构的认定制度和管理制度等。

教师专业化不仅包括教师职业专业化，而且也包括教师个体专业化。教师个体专业化是指教师在整个职业生涯过程中，接受专业知识技能的专业培训，自主提升自我专业水平，并且从道德、自身素养等方面也形成专业化的过程，同时也是个体由普通社会人转变成专业教育者的发展过程。教师个体专业化需要教师个人持续不断地汲取新知识、新资讯、新技能。作为一名专业的教师应该具备下述三大过硬的专业素质：严格遵守教师道德规范，操守作风正确，带有标榜作用；经受长时间的专业学习与训练后教师内化形成的教学能力和专业知识技能；具有系统且清晰的专业知识框架。

关于影响教师专业化的因素，拉尔夫（Ralph）认为包括个人环境因素和组织环境因素，前者是指教师个人的性格、原生家庭以及兴趣爱好等；后者指学校的规章制度以及学生与家长对教师的信任度、期望值、专业组织认可度等。斯塔基（Starkey）在拉尔夫的基础上加入了课堂介入促进因素。我国有些学者更多地强调外部因素对教师专业化的影响，例如饶见维[26]将影响教师专业发展的因素分为校内与校外两个方面，校内因素特别强调学校组织文化与社会情境文化对教师专业发展的影响，校外因素强调教育行政机构、相关制度与政策、社区、相关人员对教师的印象与期望、相关人员对教育的基本理念、社会情境与文化等方面；有些学者强调内部因素，如蒋竞莹[27]提出影响教师专业发展的基本因素包括教师的专业水平、专业技能、专业人格等多个方面，吴捷[28]指出，教师的职业精神、职业理想、自主意识和自主能力是影响教师发展的重要因素；还有学者强调内外部因素，比如刘红斌[29]指出，内在因素是指教师自我发展层面，外在因素指的是学校提供的各项支持与社会的帮助。李梦卿等人[30]认为职教教师专业化进程必须放置到整个社会大背景中来探讨，社会、教育、个人都是影响教师专业化的主要因素。在社会层面，物质待遇是职教教师专业化的经济保障，教师组织是职教教师专业化的政治支持，资格证书制度是职教教师专业化的法律保证。在教育基础方面，知识整合是职教教师专业化的课程基础，专业发展是职教教师专业化的实践基础。个人方面强调反思性教学、终身学习。总而言之，根据社会文化理论，教师专业化应该从内在和外在两个视角进行研究和探讨。

裴跃进[31]在《国外教师专业发展的五种模式简介及对我们的启示》一文中介绍了五种教师专业发展模式：一是个人引导模式。教师应该能够准确地判断自己的学习需要，并能自主地通过确立目标、制定计划、自我监控来开展学习。这体现了教师的学习主体地位。二是观察与评估模式。该模式主要强调外部推动力，认为对教师教学的观察和评估可以增强教师个人对自己实践的反思，通常是通过教学质量保障机制，即督导、监测与评估进行。三是参与发展与改进过程模式。该模式是指教师在参与学校事务或者教育教学过程中，通过确立项目、制定对策、实施行动，使教师学会学术交流、学会学术研究、学会资源分享，提高教育实践能力。该模式强调实践的第一位作用。四是培训模式。通过制定培训规划、选择培训策略、诊断评价等主要工作环节使教师掌握教学规律和教学技能。比如，在校长和教师实训营中，强调参与式培训、生成式培训、体验式培训，让受训者深度参与到培训过程中，实现从“受训者”向“培训者”的角色转换，使培训过程成为合作学习、合作研究的共同过程。实践证明，教师的知识、态度和教学技能等都可以通过培训发生改变，学生的学习积极性和学业成绩的提升可以通过教师实现。五是探究模式。该模式是指通过教师共同感兴趣的问题、讨论收集资料的方法、分析和解释资料等一系列活动过程，使教师通过探究过程，发现问题症结，寻求问题答案，从而实现专业成长。探究模式是理论与实践为一体的教师专业发展的主要模式。

目前，教师专业化发展是世界教师教育改革的一大趋势。1994 年，我国正式颁布《中华人民共和国教师法》，以国家法律的形式规定了教师是履行教育教学职责的专业人员，正式确立并提高了教师的专业地位。21 世纪初，高校教师专业发展开始引入我国学术界，2006 年“高校教师发展与高等教育质量保障”

国际学术研讨会召开，促使高校教师专业发展得到学者的普遍关注。与其他教育发达国家相比，我国有关教师专业发展的研究起步较晚，教师专业发展理论也较为欠缺，在教师专业发展方面尚存在许多问题。从外部因素来看，我国的教师专业化制度零散；教师培训制度落后，培训重理论轻实践；教师来源不规范；学校重视学校和学生发展而忽略教师自身发展。从教师个人因素来看，教师专业发展观念落后；发展意识不强；教师素质结构缺失；教师对其专业地位、专业待遇以及专业满意度并不高；教师的知识结构、教学能力、研究能力满足不了当前社会发展对教师行业的需求；教师职业负担重，容易产生职业倦怠；教学反思与教学研究少。

2006年，李树林在《职教教师专业化发展内涵的嬗变》[32]一文中阐述了我国高等职业院校教师专业化发展的内涵。他指出，新职教教师的专业化发展以教师专业自主发展为核心，以“双师”资格为目标取向，以实践性知识建构为基础，以职校、大学、企业“三元”合作为培养模式，以多样发展为途径和以自我评价为主体。他从6个方面透视了我国职教教师专业化发展的实践逻辑及一般趋向。

第一，20世纪90年代开始，欧美国家的学者在教育研究中逐渐使用专业发展这一概念取代教师教育或培训，后来，他们又从人力资源管理中引入了“生涯发展”的概念。这些变化说明职业教师是一门特殊的职业，教师在职业生涯过程中应该从适应岗位标准要求慢慢过渡到自主性发展，这样才能不断提高其专业素养，实现终身发展。

第二，在目标取向上，他首先指出，过去的职业教育培养的是只会讲知识而不能有效用知识的“经师”，教师整体素质不高，人才培养方案不规范，无法满足现代社会发展对教师提出的要求。“双师型”教师培养目标完全适应当前国民经济发展需求。从“经师”到“双师”需要认识上的转变，需要相应的课程体系作为支持系统，否则，“双师”的培养会缺乏实践基础，或有轻易将专业化发展等同于技能熟练和提高的危险，甚至，“双师”资格本可以在教育实践中发挥其应有作用也易沦落为一种人们为获得利益的工具性符号或名义形式。

第三，在知识基础方面，教师在过去只是传授知识或技能的工具，而学生也只是被动学习者，教师的专业化发展被异化为教师简单地为获得新知识和技能而进行学习的过程。但是，教师实现真正的成长需要他们在日常的教育教学生活中不断地开展自主学习和行动研究，积累各种实践性知识，包括教师的教育信念、关于自我的知识、人际知识、情境知识、策略性知识及批判反思的知识。

第四，在培养模式上，我国过去的单一职教教师职前培养模式已经远远不符合当前时代发展的需要。职业学校教师要学习专业基础课、专业课、专业实践课、师范类课程，而且需要实际行业、企业实践经历。目前有学者建议适时延长职教教师的职前培养的年限，实行二元模式或三元模式培养职教教师。二元模式是指“专业教育＋师范教育”，进而提高职教教师的学历层次。三元模式是指通过大学、职业学校、企业共同培养合格的职教师资，是三方相互利用优势资源共同发展的一种新型的职教师资培养模式，这种模式也是借鉴国外经验提出的。三元模式具有很强的实践意义。对于师范生来讲，他们既可以在大学学到完成学历要求的理论知识，同时又能进入企业亲临生产现场，实际接触到一线的运作流程或整个企业基本的作业情况，并有企业专门技术人员指导他们学习，为他们制定合理的活动方案，促使其将专业知识与实践进行整合。反过来，他们又可以利用自己的专长为企业提供技术服务和科研服务，促进企业的发展。对于在职的新教师，他们则可以带着自己的专业知识与生产现场进行对话，在对话中形成自己的实际体验及对专业的理解，从而建构起相关专业的实践性知识。

第五，在培训途径上，过去单一、封闭的职教教师标准化培训已经过时，职业教育教师专业化呈现多元化趋势。除学校内部培训渠道被拓宽以外，与大学的链接有助于改善职教教师的学历结构、与企业的合作，包括中外校企合作。此外，近年来倡导的立足于校本培训、专家指导的形式是一种新的途径，它在根本上主张通过行动研究来促进教师的专业自主发展，在一定程度上弥补了标准化培训的不足。

第六，在教师评价方面，以往学历是职业学校对教师专业化程度进行评价的主要指标。在此基础上，应该实现从注重学历到兼顾学历与教师自我评价的转变，即从外在向内在的转变。职教教师的自我评价使教师成为参与评价的主体，意味着评价者在通常情况下要对其专业发展的结果或效果负责。自我评价的形式都是因学校和教师个体而异，并没有一个刻板的模式以行政指令的方式予以强加。但是，关于自我评价的一般标准应有基本的要求和说明，比如一定阶段对教师实际的专业发展与预期目标之间达成程度的落实性规定，还有学校对此如何做出绩效考核的合理判定等。

目前，关于新建本科院校“双师型”教师专业化的研究已逐渐引起人们的重视，但是研究文献较少，缺乏理论研究，研究内容大多只是针对现状问题的研究，大多数研究都属于宏观总结型的研究，缺乏微观分析，而且研究大都集中在对青年教师的研究上，对某一学科具体教师转型的研究少。关于新建本科院校教师专业发展存在的问题，研究者们主要从学校管理制度的不健全和教师缺乏自主发展意识等方面讨论。新建地方本科院校的“双师型”教师专业化尚处于起步阶段，发展缓慢，而且新建地方本科院校比高等职业院校面临更多的问题和挑战，院校的准入制度、培训制度、评估和激励制度、教师队伍优化体系、教师自主性、发展理念、知识结构、职业规划、能动性等都是值得研究的重要内容。在发达国家，教师专业化一直是教师队伍发展的目标和方向，取得教师资格证书只是成为专业教师的第一步，教师在整个职业生涯过程中需要不断地学习和进步。所以，教师专业化过程不是时间上的自然延续，而是在自上而下的政策支持下，教师通过不断的学习、实践、反思和创造实现专业素养提高的过程。

参 考 文 献

[1] 李娜．地方普通本科院校办学定位及其分类发展研究——以广西为例［D］．南宁：广西师范学院，2012.

[2] 彭可美．地方普通本科分类研究［J］．科教文汇，2019（12）：7～8.

[3] 大学扩招［EB/OL］．https：//baike. baidu. com/item/% E5% A4% A7% E5% AD% A6% E6% 89% A9% E6% 8B% 9B/3705148？fr = aladdin.

[4]“高考扩招之父”汤敏：大学扩招真的扩错了吗？［EB/OL］．https：//finance. qq. com/original/caijingzhiku/TM0608. html.

[5] 曾靖．新建地方本科院校教师队伍转型发展实践研究［D］．武汉：华中科技大学，2019.

[6] 潘威．基于转型发展的广西新建本科院校双师型教师队伍建设研究［D］．南宁：广西师范学院，2018.

[7] 蔡芬．普通本科院校转型背景下双师型教师队伍建设研究［D］．兰州：兰州大学，2018.

[8] 潘懋元，车如山．做强地方本科院校——地方本科院校的定位与特征研究［J］．中国高教研究，2009（12）：15～18.

[9] 张应强．从政府与大学的关系看地方本科高校转型发展［J］．江苏高教，2014（6）：6～10.

[10] 曲殿彬，赵玉石．地方本科院校转型发展的问题与应对［J］．中国高等教育，2014（12）：25～28.

[11] 黄湘倬．潘懋元教育内外部关系规律理论的价值研究［D］．重庆：西南大学，2010.

[12] 程少堂．再论“教育的内部规律，教育的外部规律”说［J］．高等教育研究，1995（4）：20～26，55.

[13] 潘懋元，吴岩．走向21世纪的中国高等教育［J］．高教探索，1996（2）：12～14.

[14] 潘懋元，邬大光．关于中国高等教育地方化的理论探讨［M］//潘懋元文集（卷三）问题研究．广州：广东高等教育出版社，2010：72.

[15] 潘懋元，吴玫．高等学校分类与定位问题［J］．复旦教育论坛，2003（3）：5～9.

[16] 潘懋元．什么是应用型本科？［J］．高教探索，2010（1）：10～11.

[17] 罗淳．舒尔茨的人力资本理论及其启示［J］．南方人口，1999（4）：43～48.

[18] 夏茵．中国高等教育人力资本投资研究［D］．大连：东北财经大学，2007.

[19] 刘可祎．基于人力资本理论的高校教师激励机制探讨［J］．艺术科技，2019（9）：63.

[20] 王延文．教师专业化的系统分析与对策研究［D］．天津：天津大学，2004.

[21] Rob H. Teacher Research and School Improvement［M］．Open University，1998：203～204.

[22] 叶澜．教师角色与教师发展新探［M］．北京：教育科学出版社，2001：3.

[23] 刘桂林．高职教师专业化：内涵、问题与对策［J］．职业技术教育，2012（25）：

43～48.
[24] 黎维红．基于职业发展的高职英语教师专业化培养途径［J］．黑龙江高教研究，2011（10）：90～92.
[25] 刘秀江，韩杰．对教师专业发展内涵的诠释［J］．教育科学研究，2003（4）：5～8.
[26] 饶见维．教师专业发展——理论与实务［M］．台北：五南图书出版公司，1996：133.
[27] 蒋竞莹．教师专业化及教师专业发展综述［J］．教育探索，2004（4）：104～105.
[28] 吴捷．教师专业成长过程及其影响因素研究［J］．教育探索，2004（10）：119.
[29] 刘红斌．从教师专业化到教师专业发展［J］．教育探索，2005（12）：104～107.
[30] 李梦卿，熊建民，罗莉，等．双师型队伍建设比较研究［M］．武汉：华中科技大学出版社，2010：41～44.
[31] 裴跃进．国外教师专业发展的五种模式简介及对我们的启示［J］．中小学教师培训，2006（11）：60～63.
[32] 李树林．职教教师专业化发展内涵的嬗变［J］．理论经纬，2006（23）：24～27.

3 地方本科院校“双师型”教师队伍建设案例分析

地方本科院校应用型人才培养的关键在于是否拥有一支数量充足、结构合理、素质较高的“双师型”教师队伍做保障。多措并举打造“双师型”教师队伍已经成为地方本科院校转型发展和内涵式提升的应有之义、战略重点，同时，也是地方本科院校由地方经济社会发展的边缘地带向中心地带发展的重要推动力量。近年来，在国家职业教育改革和新建本科院校转型发展等相关政策的引导下，各省结合自身实际，都在不断探索和实践“双师型”教师队伍建设。山东省作为教育大省，根据国务院颁发的《关于全面深化新时代教师队伍建设改革的意见》《国家职业教育改革实施方案》和全国教育大会精神，结合本省实际，出台了《关于全面深化新时代全省教师队伍建设改革的实施意见》和《关于实施山东省职业院校教师素质提高计划（2017～2020年）》，为本省“双师型”教师队伍的打造提供了有力的政策指导。那这些政策在实践中到底贯彻落实得怎么样，是否存在问题，存在哪些问题，哪些因素制约了政策的高效执行，如何克服。这些问题成为继政策制定之后需要探讨的关键问题。本书就以山东省A、L两所地方本科院校为例，通过以点带面的方式，总结归纳本省地方本科院校在转型发展背景下“双师型”教师队伍的建设情况，特别是对其存在的主要问题进行理性总结和归纳，以为后续问题的深入分析和对策提出提供实践的依据。

3.1 山东省“双师型”教师队伍建设的重要举措

2018年11月，山东省教育厅在国务院《关于全面深化新时代教师队伍建设改革的意见》的基础上，结合本省实际，发布了《全面深化新时代山东省教师队伍建设改革的实施意见》，同年又发布了《关于实施山东省职业院校教师素质提高计划（2017～2020年）》（以下简称“计划”）。这些重要文件的出台为加快山东省地方本科院校的转型发展和教师队伍建设提供了重要指导。政策的核心要义或者主要目标定位是，全面做好本省一个时期应用技术型院校教师培训工作，进一步加强“双师型”教师队伍建设，提升职业教育人才培养的质量。

政策中涵盖的主要内容包括以下四个方面：一是政府、教育行政部门以及地方本科院校对强化“双师型”教师队伍建设的地位要有充分的认识，并认识到其对培养应用型人才、打造特色甚至是一流学科以及创建“同类竞争、多元发展”的高校良性发展生态系统的重要作用。二是地方本科院校向应用技术型大学转型发展的过程中，“双师型”教师队伍素质的提高应坚持普遍性和选择性相结合的原则。针对职业技术院校，坚持全员原则，结合本地本校实际，科学制定5年一周期的教师全员培训规划，并有计划、分步骤抓好实施。同时，还要统筹安排好骨干教师培训，扎实组织开展校本培训和新教师入职培训，使本省职业院校教师队伍全面适应本省职业教育现代化发展要求。三是在转型发展的过程中，地方本科院校要能正确处理学校与政府、学校与社会，特别是学校与市场的关系，立足社会需要、市场需求，结合院校发展的战略定位，明确“双师型”教师队伍建设的总体目标和重点任务。特别强调的是，“双师型”教师的培养不只是地方本科院校的内部事务，也不只是增加政府财政投入就能水到渠成的工作，它需要依靠社会中各利益相关主体的有效合作，才能高效完成。其中，在校企合作领域，要求结合院校现代学徒制、双导师制、青年教师培育试点项目等，加强校企合作人员双向交流合作与培训。同时，在教师队伍的团队建设领域，也要求加强骨干培训专家团队建设，通过团队效应，骨干教师带动优秀青年教师或者新手教师或者职业教师等的成长。四是针对“双师型”教师队伍建设所需的保障措施，如经费保障、督查评估、培训规划、组织领导等方面进行明确、完善，大力保障“双师型”教师队伍建设的成效。

从收集整理得到的山东省部分地方本科院校双师型教师队伍建设的具体举措可以看出，学校管理者对双师型教师队伍的建设在一定程度、一定范围内还是有意识给予了关注，但是重视程度还有待进一步提高；在“双师型”教师的校外引进和校内培育的落地措施的采取上，虽然也有具体举措，但是整体看，缺乏与其他教师管理制度的配套衔接，特别是与教师利益密切相关的职称评审制度、绩效考核评估制度、岗位聘任制度等的联系还有待进一步增强。下面选取山东省内两所地方本科院校作为典型案例进行具体分析，并采取访谈和问卷调查等方法对两所学校“双师型”教师队伍建设情况进行了解。

3.2　地方本科院校双师型教师队伍建设现状的案例分析

3.2.1　A 学院简介

A 学院是教育部批准，在原师范高等专科学校、农业学校、卫校、经济学校等基础上，于2000年合并升格成立的一所地方性综合性全日制普通本科院校。现设23个学院、3个研究院所、67个本科专业，专业设置涵盖了经济学、法学、教育学、文学、艺术学、历史学、理学、工学、农学、医学、管理学11大学科门类。

截至2019年7月，A 学院有教职工1636人，其中，专任教师1306人。教师中具有博士、硕士学位教师987人，教授114人，副教授451人，兼职博士、硕士研究生导师104名。其中，“双师型”教师人数大约为260人，占专任教师总数的20%。这一比例远远低于教育部对高职院校“双师型”教师占专任教师50%的占比要求。

为了深入贯彻执行国务院《关于全面深化新时代教师队伍建设改革的意见》（中发〔2018〕4号）、山东省《关于支持和鼓励事业单位专业技术人员创新创业的实施意见》（山东人社规〔2018〕1号）的政策精神，也为了适应地方性应用型高水平大学建设的需要，激发学校专业技术人员科技创新活力和干事创业的热情，提升教师队伍建设，特别是“双师型”教师队伍水平，A学院出台了《关于加强“双师型”教师队伍建设的意见》，2019年修订并印发《教师挂职锻炼管理办法》和《“百名教授、博士进企业”行动计划》（A校办字〔2019〕1号），实施“百名教授、博士进企业”行动计划，加强校企合作，积极鼓励院（部）教师团体或教师个体依托各类协同创新中心、产学研合作基地、校企合作基地、实习实训基地等平台，采取考察观摩、技能培训、跟岗实习、顶岗实践、企事业单位兼职、参与项目研发、技术咨询等形式，组织开展挂职锻炼，加大“双师型”教师培养力度，在服务产业过程中提升教师应用素质及能力。截止到2019年11月，已有45名教师获批并在企业挂职锻炼，同时，也正在组织申报优秀博士进企业担任企业副总工作。

在《教师挂职锻炼管理办法》中提出的选派教师挂职锻炼的基本原则包括四点：一是坚持以中青年专任教师为主，专业对口，学以致用，服务企事业单位和锻炼个人相结合的原则；二是坚持以应用型、生产性企事业单位为主要挂职锻炼单位，统筹兼顾校内和挂职锻炼单位工作的原则；三是坚持产学研结合，协同创新，互利共赢的原则；四是坚持按需申报，有计划的签约派出，分期分批逐步深入实施的原则。

另外，对于选派教师的条件、挂职锻炼的类型、程序、工作任务、管理考核以及政策待遇等也进行了有针对性的规定。A学院将教师队伍建设，特别是鼓励教师挂职锻炼作为学校培养双师型教师、促进学校转型发展的重要着力点，不断优化教师队伍的知识结构、能力结构和梯队建设层次，助力学校应用型转型发展。

3.2.2 L大学简介

L大学历经地方第一师范、地方教师进修学校、地方教育学院、地方师专、地方师范学院等发展阶段，2010年经教育部批准更名为现名称。它与A学院同属山东省政府直属管理的综合性大学，被国家发改委列为产教融合重点建设高校、教育部卓越小学教师培养计划实施院校、山东省应用型人才培养特色名校工程重点建设大学、山东省创新创业典型经验高校。学生就业创业率居全省高校前列，大学生创业率连续三年位居省属高校第一。人才培养的基础是教师队伍的建设。学校重视师资队伍建设的基础性、先导性作用，实施人才强校战略，建立青年教师特聘教授制度，形成了一支师德高尚、结构合理、实力较强的教师队伍。

截止到 2019 年 6 月，学校有专任教师 2232 人，其中教授、副教授 812 人，具有博士学位人员 548 人。学校拥有各类高层次人才 23 人，如“国家百千万人才工程”人选、国家杰青、全国优秀教师、教育部新世纪人才、泰山学者等。有 19 人受聘为博士生导师，128 人受聘为硕士生导师。“双师型”教师占专任教师的比例在 26% 左右。

为了全面提升本校教师队伍建设的整体水平，特别是青年教师的整体执教水平，建设一支适应创新创业型大学建设的高素质的青年教师队伍。该校制订了《青年教师教学能力提升计划》（L 校教字〔2017〕20 号）（以下简称 L 校计划）、实践教学名师评选计划等相关政策。L 校计划不仅对参加教学能力提升计划的教师范围进行了说明，还对教学能力提升的各个项目的实施进行了详细而明确的说明，如教学导师制项目、教学竞赛项目、教师进修研修项目、教学团队项目、创新创业项目等。特别是在教师进修研修项目中提到，鼓励青年教师到企事业单位挂职、进行调查研究和业务培训等形式多样的工程实践能力锻炼，积累实践经验。教师参加工程实践能力培养以在职脱产为主，时间一般为半年至一年，可采取集中或分散形式进行。实践期满，教师个人应认真撰写工程实践报告，并由所在学院、学校和培养单位共同组织考核。从 2018 年起，没有企业实践锻炼经历的青年教师不得竞聘高一级专业技术岗位。除了提出明确的约束条件以外，还对参与教学能力提升计划的教师如何组织考核、提供什么样的保障措施给予了详细的说明。L 大学的实践教学名师计划以及教学能力提升计划的实施，为提高该校教师的实践教学能力，注入了动力。

3.2.3　两所地方本科学院“双师型”教师基本情况分析

对 A 学院和 L 大学“双师型”教师基本情况的分析，采用了问卷和访谈相结合的方法来获取研究数据。一方面通过自编问卷获得两所学校“双师型”教师队伍建设的基本信息，以及教师们对“双师型”教师的认知、学校对“双师型”教师的管理等方面的信息。另一方面通过访谈获得一些隐匿信息，以补充问卷调研信息的不足，包括针对教师和学生的座谈，这对于弥补我们信息的不足具有较大帮助。

调研过程中共发放问卷 200 份，收回 193 份，其中有效问卷 191 份，有效率为 95.5%。接下来，主要从教师的年龄结构、职称结构、学历和学位结构等方面分析两所学校“双师型”教师的基本情况。

首先，年龄结构的分布。年龄结构是评价一所学校教师队伍生命力和创造力的重要标志。一般来说，教师队伍中老、中、青结合的年龄结构是比较合理的。过于年轻化的教师队伍，虽然有魄力、有精力，但是缺乏充足的经验积累和宽广的格局；过于老龄化的教师队伍，虽然有丰富的经验，有理性的思维，但是缺乏一定的魄力和足够的精力。因此，教师队伍的最佳年龄结构应该是老、中、青结合，以青年教师为生力军，以中年教师为骨干，以老龄教师为引领，传、帮、带，促进教师队伍的建设。

在实地调查中，为了便于统计和量化分析，我们将教师队伍的年龄结构分为4个区间，即30岁以下、31～39岁、41～49岁、50岁及以上。两所学校“双师型”教师年龄结构的具体分布情况如图3-1所示。

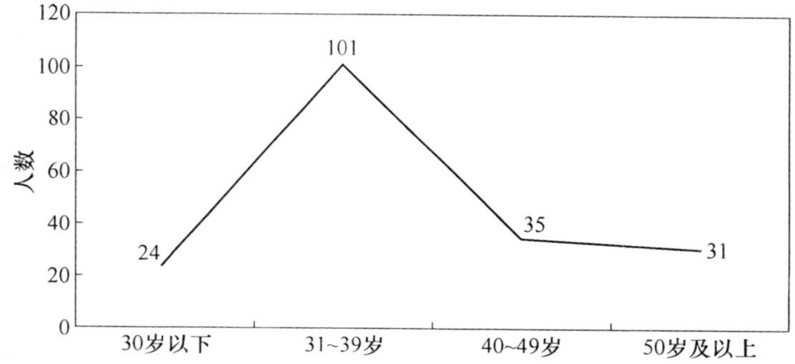

图3-1 两所学校“双师型”教师年龄分布

由图3-1可以看出，两所学校“双师型”教师的年龄偏年轻化。31～39岁的教师占调查总数的52.9%，30岁以下的占12.6%。年轻化的师资不仅给学校教师队伍建设带来了活力和创造力，也反映出教师队伍中部分成员社会实践经验的缺乏。

其次，教师的职称结构分布。教师的职称反映了教师们作为专业技术人员的技术水平、工作能力和职业声誉。在一所学校里，教师职称更是一种身份的象征。特别是高职称的教师，其社会地位和经济地位以及学术地位都是比较高的。通过调查发现，“双师型”教师队伍的职称主要集中在讲师和副高职称，特别是讲师居多，占46.8%，正高比例偏低（见图3-2）。

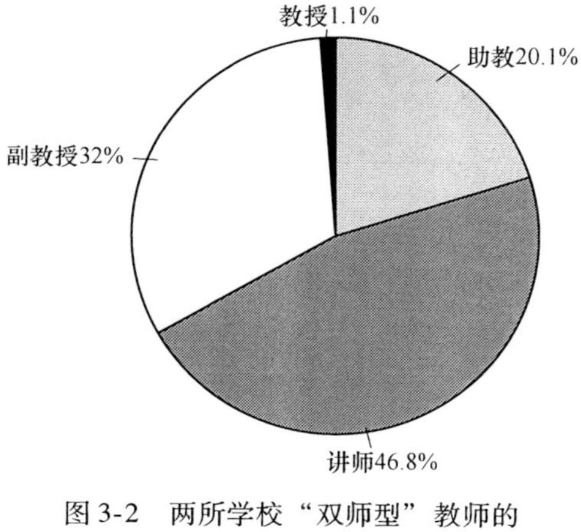

图3-2 两所学校“双师型”教师的职称分布

最后，“双师型”教师的学历和学位分布情况（见图3-3）。教师的学历和学位既表明“双师型”教师的受教育程度或者学科专业已经达到的水平，也体现出其在一定领域中的成绩和能力的高低以及某些潜在能力的塑造上所具有的可能性的高低。通过调研发现，两所学校的“双师型”教师的学历主要集中在本科和硕士研究生，“双师型”教师中博士研究生的数量较少，仅占调研总人数的1.6%。

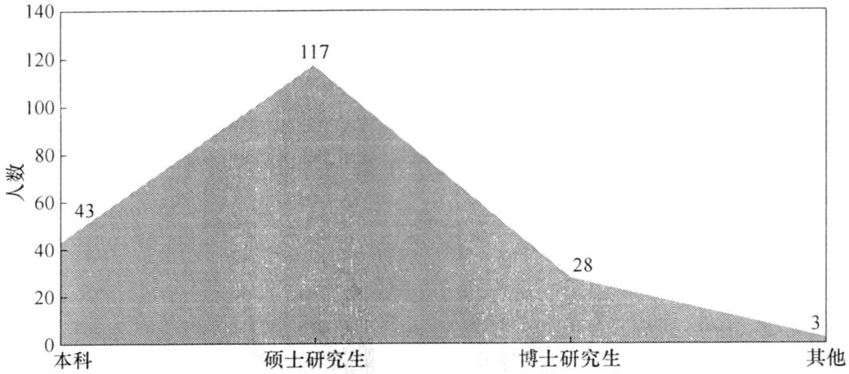

图3-3　“双师型”教师学历和学位分布

3.2.4　“双师型”教师思想观念分析

“双师型”教师的思想观念是其行动的先导，不仅反映出其向“双师型”教师转型的内在动机，也反映出其“双师型”转型与其自身专业发展之间的关系。通过调研发现（见图3-4），两所学校的教师们对“双师型”教师的思想认识，从整体来看，认可度和接受度还是比较高的，其转型的动机首要的是为职称晋升积累成果，其次是要从素质上提升自己，然后是学校政策的引导等因素。由此可以看出，教师们对“双师型”教师的转型从思想上看基本达成共识，也认可其与应用型人才培养之间的密切关系。

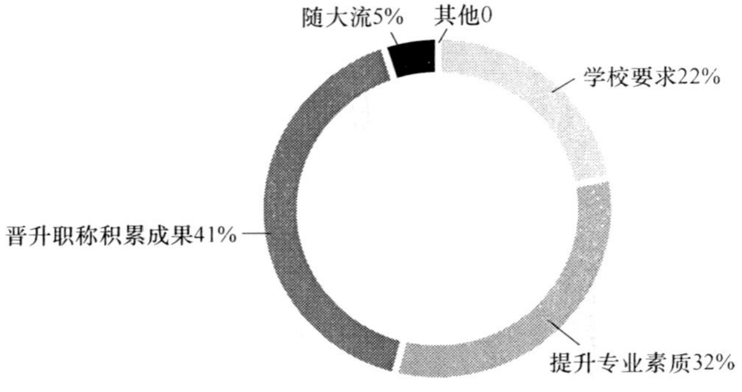

图3-4　教师向“双师型”教师转型的主要动力因素

3.2.5 “双师型”教师培养途径分析

地方本科院校近几年的师资引进主要集中在博士研究生、博士后出站人员以及其他高层次人才上，侧重强调引进人才的学历、学位以及科研成果和成果影响因子等方面的要求。而“双师型”教师的引进并没有在其人才招聘的简章中明确列出，通过调研发现，校内教师的“双师型”素质的培养途径主要包括以下几个方面，即考取其他职业资格证书、企业顶岗实习 1 年及以上、参加“双师型”技能培训并获得合格证书、开展应用型课题研究并获得一定成果、与企业开展项目合作等几个方面。具体情况如图 3-5 所示。

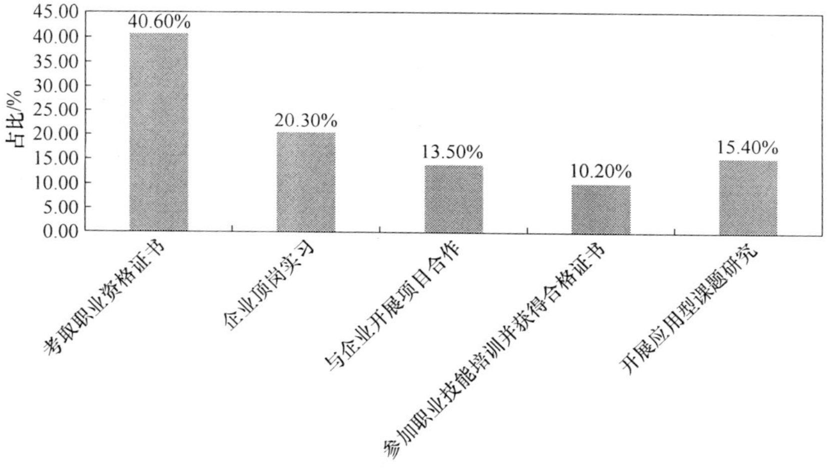

图 3-5 “双师型”教师的培养途径统计

由图 3-5 可知，在调查的两所高校里，“双师型”教师的培养途径主要是鼓励教师考取教师资格证以外的其他职业资格证书。这种向“双师型”教师转变的方式大多是通过理论考试来实现的，因此偏重于应试技能和理论水平的考察，教师们通过的可能性较大。但是其他几种更能切实培养“双师型”教师实践素质的手段，似乎在实践中并不是很占优势，使用的频率和范围也比较窄。这说明，地方本科院校不仅需要不断拓宽、拓新“双师型”教师培养的途径，更需要将“双师型”教师建设的举措落细、落实。

3.2.6 学校对“双师型”教师的管理机制分析

“双师型”教师的管理机制建设既是保证“双师型”教师队伍建设的制度基础，也是开展双师型教师队伍管理的关键。其管理机制主要包括利益激励机制、教师分类考评机制、双师认证机制等方面。从教师角度出发，教师们对这些“双师型”教师管理机制的认可和接受程度能反映出其在学校运作的效果。通过调研发现，地方本科院校对双师型教师的管理体制机制建设普遍不足，且实效性较低（见图 3-6 ~ 图 3-8）。

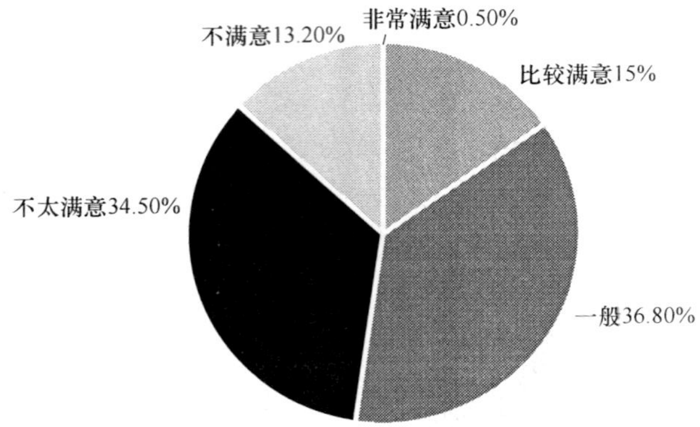

图 3-6　“双师型”教师利益激励机制满意度统计

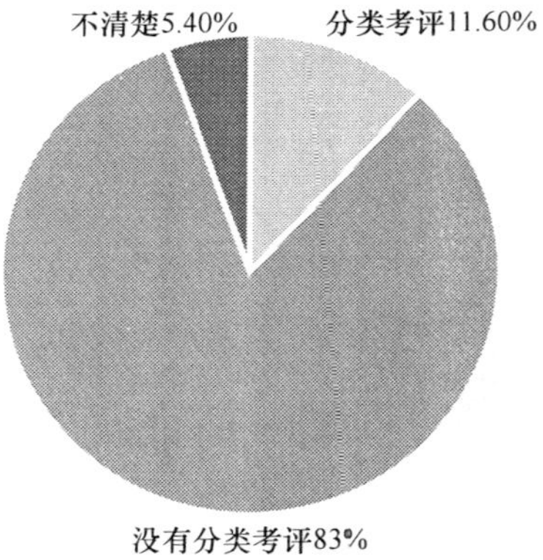

图 3-7　“双师型”教师是否分类考评统计

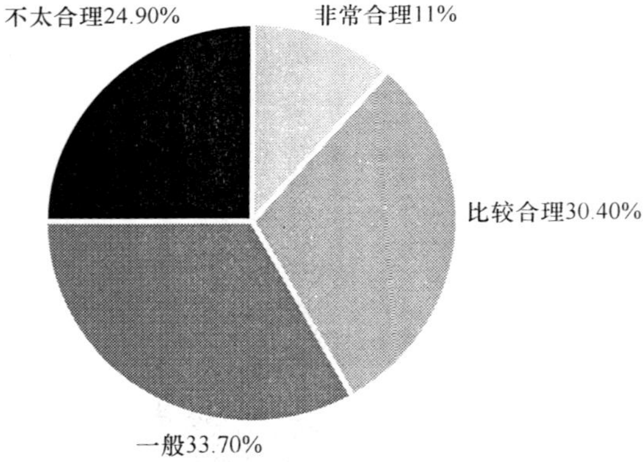

图 3-8　“双师型”教师认证机制的合理性统计

由图 3-6 ~ 图 3-8 可以看出，两所学校的“双师型”教师队伍管理机制建设，整体来看还是比较滞后。其中，“双师型”教师管理的利益激励机制，被调查的教师中认为不太满意的占 34.5%，不满意的占 13.2%，非常满意的仅占 0.5%。利益激励机制的不健全为后续“双师型”教师队伍建设，教师们低动机、常抵触埋下了隐患。

“双师型”教师在地方本科院校的吸引力有多大，诱惑力有多深，一定程度上取决于“双师型”教师在学校里是否拥有足够高的地位，即是否在分类考评中能占据一席之地。因为分类考评不仅体现了学校对不同类型、不同层次人才的尊重，也体现了对人才配置的统筹谋划以及教师能力的多元化培养。但是经过调查发现，83%的教师认为学校并没有真正实施“双师型”教师的分类考评。

对认证机制合理性的统计发现，认为当前“双师型”教师认证合理的占总人数的41.4%，有1/3的人选择一般，还有24.7%的人选择不太合理，由此可以看出，教师们对“双师型”教师的认证机制的判断存在利己倾向。因为大多数教师“双师”的获得是通过考证得到的，这样的认证标准也是他们最容易达到的，所以有1/3多的教师选择较为合理。但是从长远来看，这种“双证即双师”的认证手段不利于切实提高教师队伍的“双师”素质，应该通过多元化的认证手段来保证教师来源渠道的广泛性。

3.3 A学院和L大学“双师型”教师队伍建设存在的问题分析

A、L两所地方本科院校的转型发展激发了校内教师队伍建设的力度和程度。从两所学校“双师型”教师的基本情况来看，经过一段时间的整合以及采取一系列措施，“双师型”教师队伍的数量有了一定的增长，人才素质结构也在不断优化，但是也存在一些不容忽视的问题，这些问题如果得不到妥善的解决，将会成为“双师型”教师队伍建设的障碍。

3.3.1 对“双师型”教师队伍建设的认知不充分

地方本科院校向应用技术型大学的转型发展，依托的核心资源是拥有一支专兼结合的创新性、应用型教师队伍。因此，“双师型”教师队伍的建设就成了“应用型教师”培养的重要途径。然而，通过课题组的深入访谈发现，学校、教师等对“双师型”教师队伍建设都或多或少存在着一定的认知盲区和偏见，亟待厘清。

首先，教师对“双师型”素质的认识存在一定的不到位和错位的情况。认识的不到位主要体现在，部分教师对“双师型”教师素质的认识存在偏差，将“双师”等同于双证，或者“双师”等同于双职称等。这种认识显然是停留在问题的表面，并没有抓住问题的本质所在，更缺乏对“双师型”教师素质的深刻全面的认识和掌握。为了调查指标的明确化和可操作，在调查研究中对教师们对职业资格证书相关政策的了解、熟悉程度进行了调研，借此掌握教师们对“双师型”教师政策的认知情况。结果发现（见图3-9），在被调查的教师中，对职业资格证书政策非常了解和熟悉的教师仅占10%，比较了解和熟悉的占15%，不熟悉和不太清楚的占调查总数的70%。由此可见，绝大多数教师对于教师资格证书之外的其他职业资格证书的了解和熟悉的程度并不高。这与国家政策宣传不到位、学校配套政策不明朗有直接的关系。特别是学校的相关激励制度不明确，使得教师们看不到努力获取其他职业资格证书与其利益获得之间的关联性，所以，绝大部分教师对这些政策不感兴趣，缺乏关注也是情理之中，毕竟人从本质上看，还是有“利己”属性的。从成本收益角度看，教师们在收益不明朗或者不清晰的事情上进行较多付出，似乎要面临较大的机会主义成本。因为从短期看，接受“双师型”教师的培养培训获得的直接收益并不能立竿见影显现出来，相比教师们为此耽误的科研时间，或者可能获得的科研成果带来的收益要少得多，所以机会主义成本之下，教师们对“双师型”素质的提升不那么强烈地感兴趣也就能理解了。

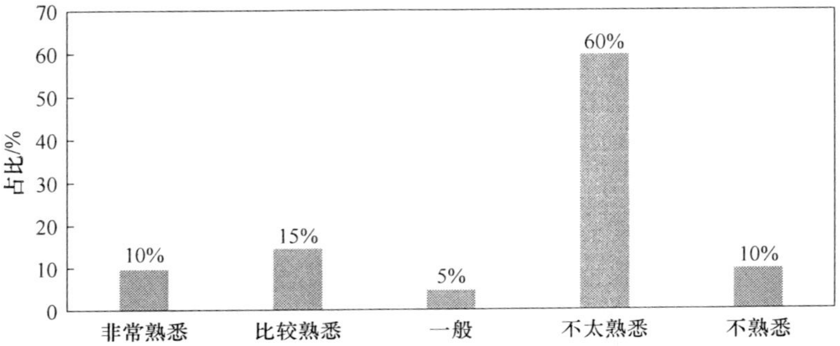

图 3-9　教师们对“双师型”教师政策的熟悉程度统计

所谓认识的错位，主要是部分教师认为，将其培养为或者让其转型为“双师型”教师，是在拉低他们的社会地位。因为他们认为高校教师的本职工作就是教学和科研，理应是学术型教师。如果他们从学术型教师转为“双师型”教师的话，他们的身价就会降低，因为人们会将其与高职高专院校的老师视为一类，放在一个层次上比较。为此部分教师对学校实施的“双师型”教师培训的举措产生怀疑和抵触。正如访谈中 F 老师所言：“我们的学校不是高职高专类学校，所以我们也不应该过分强调把老师们培养成所谓的‘双师型’教师。如果非要加强‘双师’培养，那我们今后岂不是不用搞科研，做论文了。”

其次，学校管理者对“双师型”教师的判定存在偏差。学校管理者对“双师型”教师的判定标准的明确性和可行性直接决定了学校“双师型”教师队伍建设的成效。调研中发现，地方本科院校的部分管理者不仅对应用型的转型存在认识滞后和认知偏差，而且对“双师型”教师的判定标准也存在曲解。访谈中，学校管理部门的部分管理者在谈及该校对“双师型”标准的判定时，几乎都认为“双师”即“双证”，或者“双师”即“双能”。这种证书导向导致的结果就是部分教师为了成为“双师型”教师，纷纷去考证。调研中了解到，有的老师考取了很多证书，但是跟其专业并不是太有关联。比如一位学化学的老师考取了心理咨询师证、营养师证，还打算考一个健康管理师证，但是与其专业直接对口的职业资格证，如环评工程师证等因为考取难度较大，迟迟未果。这种通过职业资格证书的获得来评判是否具有双师素质的做法，其实无法从实践层面真实反映老师们的动手能力、实际操作能力，因为这些证书的获得方式主要考察的还是应试能力，而非实践能力。最终的结果，就是老师们手里的证书越来越多，但是他们的实践教学能力并没有随之提高。

学校管理者对“双师型”教师的评判偏差的原因：一是由于教育行政部门并没有针对地方本科院校“双师型”教师队伍的建设问题进行专门的政策研判和宣传。目前，“双师型”教师队伍建设的政策精神大多分散在多个有关教师队伍建设的文件中，而且主要针对高等职业院校，加之缺乏充分的财政支持，导致地方本科院校对“双师型”教师队伍建设存在认识偏差。二是地方本科院校的转型发展战略已经提出，号角也已经吹响，但是具体怎么落地生根缺乏校内政策引导。这从根本上看，与应用型人才培养的目标不清晰有直接的关系。虽然学校从上到下都在喊应用型人才培养，但是在实践中，由于路径依赖的影响，人才培养的学术型氛围还是比较严重。山东省很多地方本科院校仍然将学生的高考研率、高专升本率作为重要的宣传因素，来扩大自身的社会影响。由此可以看出，学术型思维浓重，应用型思维的弱化。这种应用思维的弱化导致管理者在教师培养上，仍然比较重视教师们的学术能力，而非“双师型”教师的素质。三是学校急功近利的选择。部分地方本科院校为了应付上级教育行政部门的指标任务，短期内完成“双师型”教师总量的底线标准，鼓励教师们考取职业资格证书，以此来作为评判“双师”的标准。这种以“拥有双证即是双师”为标准，由学校单方面认定的“双师”是不是真的具备培养应用型人才的能力还要大打问号。真正的“双师型”教师绝对不是简单的双证拥有者，更应该倾向于对教师双能力、双素质的考察[1]。

地方本科院校的教师和学校管理者对“双师型”教师认知存在的不到位、错位和偏差问题，既反映出微观层面上，地方本科院校转型发展中，“双师型”教师队伍建设的困惑和迷茫，以及地方本科院校“等靠要”思想严重，缺乏主动谋求发展的思想意识；也反映出宏观的国家政策层面，对“双师型”教师的内涵、标准以及认定程序等方面存在的政策指导不足。可以说，正是因为“双师型”教师队伍建设顶层设计缺乏独立性、分类性和可操作性，为地方本科院校“双师型”教师队伍建设的鸡肋效应的形成埋下了伏笔。

3.3.2 “双师型”教师队伍的数量不足且质量不高

地方本科院校中的新建本科院校主要是在原有专科办学的基础上通过几所地方院校的合并或者升格产生的。他们在高等教育大众化背景下，曾经是我国高校扩招的生力军。短期内，各地生源的不断涌入、办学规模的急剧扩大，凸显了教师人力资源的捉襟见肘。于是新建地方本科院校连续多年大规模引进师资。新引进的这些专任教师基本上是毕业于重点大学的硕士研究生或者博士研究生。比如A学院2000年升本之后，2006年迎接教育部本科办学合格评估，当年，为了达到教育部1：18的师生比的要求，仅硕士就引进了76名，博士不足10人。随后的几年，该校也在一直加大教师的引进。但是硕士的名额逐渐压缩，甚至取消了专任教师中的硕士名额，重点招博士研究生。经过几年的人才队伍建设，目前A学院拥有1306个专任教师，其中，“双师型”教师占比20%，而这所学校的在校生大概为24000多人，与应用型人才的培养需要相比，很明显，“双师型”教师的总量严重不足。根据教育部高职高专院校人才培养评估指标体系的规定，专业基础课和专业核心课的任课教师，“双师型”教师比例应在50%左右。国家政策层面虽然未对应用技术型大学“双师型”教师的数量进行明确规定，但是从办学层次和办学需要出发，地方新建本科院校为了满足应用型人才培养的需要，“双师型”教师的比例应等于甚至应大于50%[2]。数量上的不足成为阻碍应用型人才培养质量提高的重要因素，也对地方本科院校的转型发展造成重大影响，同时，质量也不能满足人才培养的需要。

根据“双师型”教师双师素质的标准，他们不仅要有扎实的基础理论知识，还要有较强的实践能力才能满足应用型人才培养的需要。但是通过之前的分析可以看出，目前在地方本科院校中，所谓的“双师型”教师大多是持双证的“双师”，并非在能力上，或者专业素质上拥有双能素质的教师。这些老师大多缺乏企事业单位的实践经验，也缺乏项目合作经验。更令人不解的是，教师们拿的证书有的跟其从事的专业存在着较大的差距，造成了双证教师有证但不能发挥作用的尴尬局面，同时，也暴露出“双师型”教师的素质与应用型人才培养的实践需要存在较大的差距。其实，“双师型”教师的建设不一定非要本校专任教师担任，可以通过校企合作的方式，引进一批企业骨干或者优秀管理者来学校兼职教学，或者担任青年教师的企业导师，一方面通过对青年教师的传帮带，培养高学历的青年教师的实践教学能力和“双师型”教师素质，另一方面还能为应用型人才的培养注入社会元素，使学生在企业兼职教师的教学中，获得更多关于社会、关于职业、关于工作的实用信息，提高人才培养的质量。但是由于主客观的原因，现在“双师型”教师的校外引进难度较大。主观上由于企业骨干人员不愿意来高校里兼职，因为收入低、约束多；客观上讲，企业人员之所以不愿意兼职，也与政策的引导缺失、利益激励机制和绩效考核评估机制不健全有一定的关联。

对于校内教师来说，理工科教师去企事业单位挂职锻炼的数量明显多于文科专业，这与专业性质有关，理工科的实践性、应用性更突出，企事业单位的合作形式更多元。而文科专业相对较少，因为文科专业的经济价值不能立竿见影显现，更多的体现的是社会价值，也就是通过政策建言、调研报告或者项目咨询等方式进行。除了和专业性质有关，还与学校教师管理的制度不健全有关。正如调研中D教师所说：“我原来申请去企业兼职了一年。之后我就回校了。之所以选择返校，不是因为在企业里没有存在的价值，主要是在企业里我找不到自己的位置。因为我们一般就是兼职1年，时间较短，所以企业在这段时间里，人家一般很少安排实质性或者挑战性的工作。这样就让我们感到兼职的意义大打折扣了。如果学校和企业就双方兼职老师的利益有明确的说明，不仅可以参与学校的绩效考核，还能参与企业的业绩考核，还能对应一定的奖励，我觉得我们的动力就会大大提高。”因此，要提高“双师型”教师队伍的数量，保证质量，不仅需要校内培养，还要通过社会化的校企合作来深化、提高。

3.3.3 “双师型”教师结构有待进一步优化

拥有足量的教师队伍只是为人才培养提供了基本的前提，教师的素质结构才是决定人才培养成效的软因素。教师素质是教师在教育教学过程中所需要的知识、能力和意志的统一。本书将教师素质分为三个维度，即知识结构、能力结构和意志信念结构。为了适应应用型人才培养的需要，新时代高校教师的知识结构应该是复合型的、多元化的。也就是说教师既应该掌握本专业的理论知识、邻近学科的专业知识、课堂教育教学知识、学生身心发展特点等教育教学知识，也应考虑社会需要、行业和企业的发展需要，尽可能掌握行业和企业发展趋势的相关知识。能力结构也应该是复合的。要培养多能的学生，教师的能力也要是多层次的，既要具备一定的教育管理能力、教育教学能力，也要具备一定的科学研究能力，能敏感地感知行业发展存在的问题，形成研究课题，对问题能进行深入分析，并做出合理的建议。意志信念结构主要体现教师对工作的态度和对学生的态度。

从教师的知识结构来看，存在的主要问题包括两个方面。一方面教师的专业理论知识有余，但是实践性知识不足。目前地方本科院校“双师型”教师队伍在知识结构建设上面临的突出问题是理论与实践脱节。由于大多数老师是研究型大学的硕士或者博士研究生，毕业后直接进入地方本科院校参加工作，从校门到校门的经历，为他们日后工作中知识结构的失衡埋下了隐患。他们一般专业理论知识比较扎实，但是教育教学知识，特别是行业领域内的企业实践性知识是比较匮乏的。而这种实践性知识恰恰是应用型人才培养需要的主要知识。知识结构上的弊端成为教师们在教学中的痛点。正如访谈中L大学的B老师所说：“我在给学生上课的时候，理论性较强的课我一般不担心，比较有自信能讲好。但是在实践性环节的知识讲授时，总感觉讲不深，讲不透。比如我担任的一门文秘课就是这样。这门课程的典型特点就是理论性弱、应用性强。有过办公室秘书的工作经历最好，那样能对秘书的日常事务管理、办文、办会等工作职能讲得非常形象、生动。但是对于我来说，我从来没有企业工作或者办公室工作的经验，给学生讲这部分，更多的是结合案例，或者凭着我们对秘书工作的理解，给学生分配任务，通过角色扮演、情景模拟来完成。”这样教学的效果如何？这位老师补充说：“据我们毕业的学生反馈，当年在校学过的课程中，后期能对他们的工作产生直接帮助的就有我的这门文秘课程。但是学生也反映说，真实的办公室工作远比我们的课堂中学习的内容复杂得多、丰富得多。所以我的感觉是压力山大！”类似这位老师，有这种感受的还有很多。在调查中，绝大多数老师都有这种反映，可以看出老师们的知识结构中理论与实践的脱节。

另外，教师知识结构上的缺陷还表现在教师的教育教学知识与专业知识间的不均衡。因为近几年地方本科院校的师资引进主要集中在博士研究生层次上，对新引进的教师也进行岗前培训。但是有些老师还是反映他们学到的、掌握的显性的教育教学知识相比实际的人才培养需要的缄默性教育教学知识来说还是单薄得多，这也导致其人才培养中教育教学能力的提升存在不足。A 学院一位新引进的 H 老师反映：“我来学校工作不满两年。虽然也承担了一定的教学任务，也能按照教务要求完成教学任务。但是感觉自己的教育教学能力还是非常的不足，特别是在课堂教学的组织、课堂教学的管理以及与学生的互动等方面还是非常的稚嫩。岗前教师培训有作用，对于初次接受师范教育的人来说，通过培训，学一些教育学、心理学、教法等内容，的确帮助我们对教学工作形成了初步的感性认识。但是有知识不代表着有能力。我感觉自己的教育教学能力还有待进一步提升。”

从教师的能力结构来看，存在的突出问题是教师队伍的实践能力较弱，专业知识与实践结合的科研转化能力有待进一步提高。教师的实践教学能力不足。这从学生的访谈中得到了证实。A 学院座谈中，部分学生在谈到自己的任课老师实践能力的情况时，他们的反馈是“他们的实践操作能力不如理论强。讲理论讲得头头是道，但是提到实践操作明显就不自信了”。还有学生补充到：“比如他们的电子政务管理老师在讲政府电子政务的特点、体系建设政策时就讲得很流畅，但是在提到当前电子政务建设存在的问题时，往往就是笼统说明。特别是在电子政务工作流程的讲解中，凭借老师的讲解，我们很难能完成实际的电子业务操作。”诸如这样的反映很多，也与我们调查得来的数据吻合。学生调查中（见图 3-10），有 80% 的学生认为老师的实践操作能力不能满足实

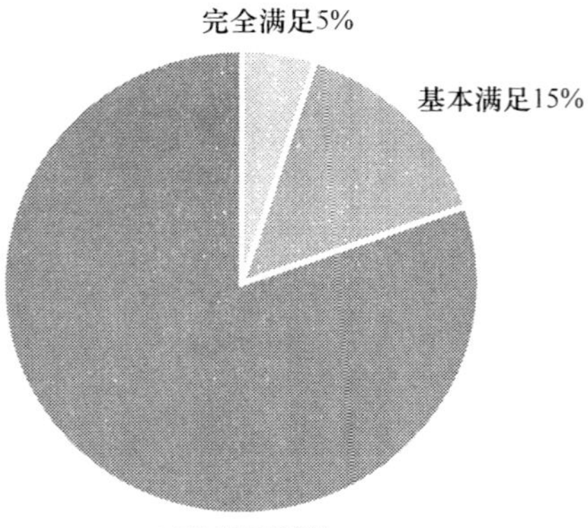

图 3-10　教师实践操作能力满足实践教学需要情况统计

践教学需要，仅有 5% 的学生认为教师的实践能力能够完全满足他们的教学需要。

另外，地方本科院校的教师虽然不是身处研究型大学，以学术科研为主，但是作为高校老师来说，除了教学工作，科研工作，特别是应用性科研工作也是不可或缺的。教学和应用型科研应该是相辅相成的关系。教学工作应为应用型科研工作的开展提供源源不断的实践支撑，应用型科研课题的选取应该来源于教学的需要或者教学中出现的问题，科研的结论也应该回归到教学中去，检测结论的科学性和合理性。但是当前，地方本科院校中部分教师的科研和教学是脱节的，存在“两张皮”现象。这既反映出教师的应用型科研能力的不足，也反映出教师将科研成果与实践结合，转化为实践项目的应用能力或者实践能力的缺失。对此，有学生在座谈中就提道：“我们有的老师据说科研能力可强了，每年都能发出几篇 SCI 论文。但是他讲课的内容基本上来源于教材，并没有给我们更多的学术知识补充。”

从教师的意志信念结构看，被调查的教师对“双师型”教师的认同感有待提高。在调研中，针对教师们对“双师型”教师的转型发展认识和态度反馈（见图 3-11），有 84.2% 的教师认为“双师型”教师对应用型人才的培养很重要，表明教师们对“双师型”教师和应用型人才之间的关联还是有理性的判断的。但是在“您认为您向‘双师型’教师转型发展的过程中面临的难度”调研中（见图 3-12），有 48.6% 的教师认为他们转为“双师型”教师的难度较大，从心理上感受到较大的压力。

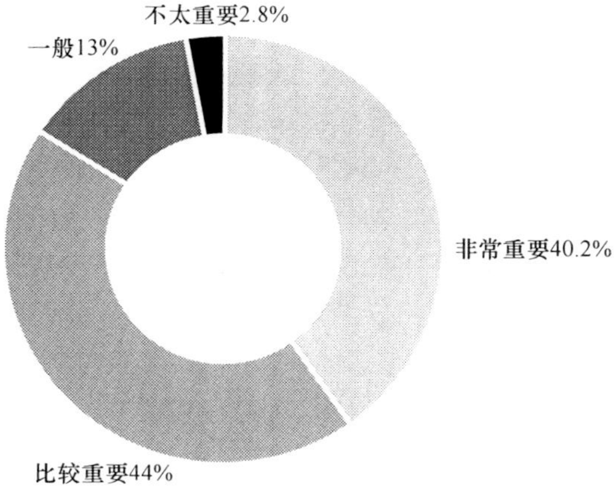

图 3-11 “双师型”教师对应用型人才培养重要性的认识统计

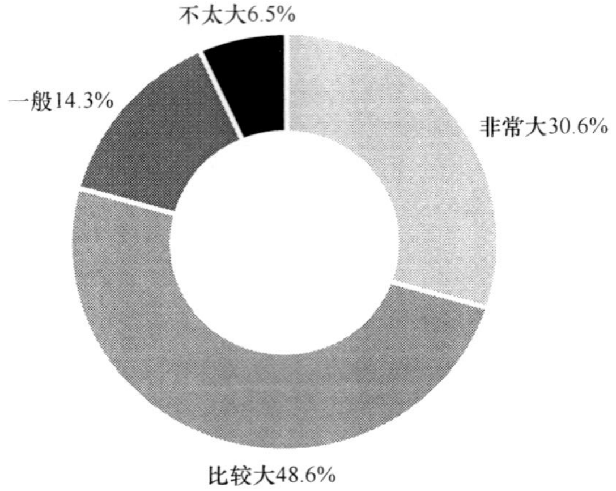

图 3-12　教师们对向"双师型"教师转型发展的难度认知统计

3.3.4　教师队伍"双师型"培养的措施实效性不足

"双师型"教师队伍的建设不仅需要校外引进，也需要立足本校教师的实际，通过校内培养的方式来解决。从成本收益的角度看，可持续性的"双师型"教师队伍建设的做法应该以校内培养培训为主，以外部引进为辅。当然以校内培养培训为主，并不意味着学校关起门来，封闭式地搞"双师"培养，也需要学校在立足学校教学岗位分析，形成岗位或者职位说明书的基础上，整理归纳校本教师培养培训的目标、任务以及着力点，然后在此基础上，积极联络社会资源，如校企合作资源、社区资源、政府资源等，为校内师资队伍的培养提供社会化支持，同时，应通过拉近与社会资源的距离，促进理论与实践的结合，提高"双师型"教师培养的实效性。

首先，"双师型"教师的引进和自我培养不均衡。从调研资料的情况来看，A 学院和 L 大学的确在教师队伍建设方面出台了相关的政策规定，比如 A 学院的教师挂职锻炼意见、创新创业名师选拔意见、教师队伍建设"十三五"规划，L 大学的青年教师教学能力提升计划、创新创业名师选拔计划、教师队伍建设"十三五"规划等。但是通过两所学校近三年校外人才招聘的计划得知，他们对校外企业技术骨干或者管理骨干或者业务骨干聘请为兼职教师的做法并未在招聘简章中说明，招聘人员的基本条件仍然侧重的是科研水平和学历条件。在走访中也得知，A 学院聘请企事业单位的工作人员兼职在学校工作的情况，大多出现在校企合作专业里，非合作专业聘请企业兼职教师的情况几乎没有。

其次，参加"双师"培训的教师规模有限。通过前期的调研发现，绝大部分教师对"双师型"教师的重要性还是非常认可和接受的，但是他们普遍感觉到压力较大。这种压力一方面来源于他们面临的教学和科研任务比较繁重，没有更多的精力参加"双师型"教师的培训；另一方面来源于他们能够获得"双师"培训的机会较少。根据对两所院校的访谈调研，教师们认为学校提供给他们的"双师型"培训相对于他们的需求来说比较缺乏，且在教师中分配不均衡。

L大学的Z老师提道："我们学校这几年科研立项的层次和水平都在不断提高，学校对科研的奖励力度提高很多。但是对教师去企业挂职锻炼，或者去顶岗实践的支持力度还有待于提高。我们经管专业的教师理应有机会去企业锻炼，或者与企业开展更多的合作，可是现实是并不是有意愿的老师都能如愿以偿。这里面主要的原因还是，学校这边的教学任务和外出学习、挂职锻炼在时间上存在冲突。外出学习期间的教学工作任务无法按时完成。"

当然除了时间上的冲突以外，学校缺乏激励机制也是重要因素。"学校里针对企业兼职或者挂职锻炼的老师的绩效考核虽然有相关的政策，但是激励制度这块还是不太清楚。我们没有明确看到我去兼职能给我带来多大的好处，反倒是麻烦挺明确，就是耽误教学任务。企业那边，对咱们这种短期的兼职也不是那么欢迎。"

教师参加"双师型"培训的较少，除了教学科研任务重以外，还有就是机会少，学科间分布不均衡，文科专业一般少得可怜，大多集中在理工科专业的老师身上。调研中有过企业兼职或者顶岗实践的教师比例说明了这一问题（见图3-13）。

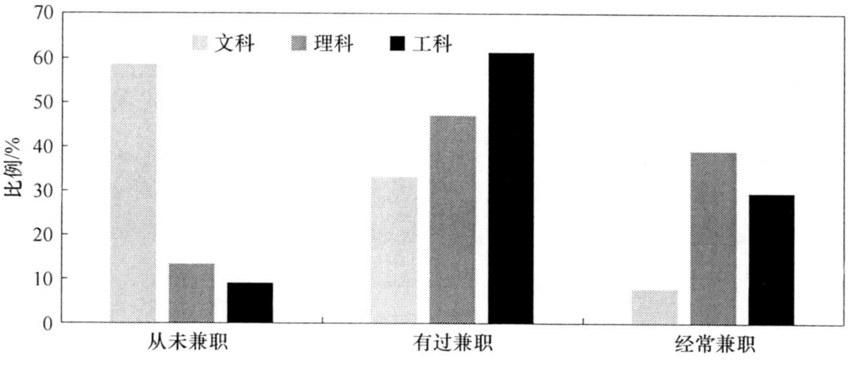

图3-13 到企业兼职的教师学科差异统计

从图3-13教师企业兼职的学科差异统计图可以看到，两个学校里的被调查教师，不同学科背景的教师企业兼职的频次存在明确的差异。文科教师"从未兼职"的比例高达58.6%，"经常兼职"的仅为8%，相比而言，理工科的教师，"从未兼职"的比例明显降低很多，理科为13.5%，工科为8.9%，"经常兼职"

的教师，理科占到39.3%，工科占到29.7%。从这个比例统计可以清晰地看出，在地方本科院校中，理工科的教师由于专业的应用性、实践性较强，他们在企业兼职或者顶岗实习或者与企业项目合作的机会较多，而文科教师相对处于弱势。因此在学校里，挂职锻炼或者顶岗实习的名额分配时，也会向理工科进行有意识的倾斜。文科教师本身就缺乏实践机会，加之学校名额分配的内部挤占，文科"双师型"教师的培养一直在学校中处于薄弱位置。

最后，"双师型"教师培训的配套设施不健全。"双师型"教师的培养不仅是提高教师的理论水平，更关键的是提高教师的实践教学能力和创新实践的能力。而实践能力的培养就需要一定的基地或者实习场所的提供。从A、L两所学校的调研情况看，两个学校围绕应用型人才的培养，都建立了一定数量的校级和二级学院级的实习基地。这些基地主要是为学生的实习提供场所保障，较少主动为教师的"双师"培养提供场地保证。从独立运作的角度看，"双师型"教师的培养不仅需要企业提供一定的实习平台，学校也需要建立自己的实习基地。但是这些基地的建设会牵涉较大的资金投入，另外，基地建成后，基地的管理和维护以及使用也需要专门的管理，这个成本也是不可忽视的。从社会化合作的角度看，实习基地的建设成本可以通过聘任兼职教师的形式来降低，但是目前校企合作的程度还不是很深入，兼职教师的聘任存在着"想要的不想来，能来的教不了"的困境。这个问题说明，校企合作的开展不能只停留在表面，还应该往纵深发展，围绕着应用型人才的培养和"双师型"教师的培养开展项目合作。

3.3.5 "双师型"教师队伍的管理机制有待完善

"双师型"教师队伍的建设离不开管理，从当前教师队伍建设的现状看，有些问题的存在与管理机制不完善存在直接的关系。

首先，教师队伍的分类管理不健全。由于教师们的学科背景、个人职业发展规划以及个人专长存在差异，同一所学校中的所有教师不可能"一刀切"式的都转型为"双师型"教师。这就使得教师分类管理显得特别重要。教师分类管理不仅符合学校发展的战略定位和应用型人才培养的需要，也符合教师专业发展的需要。调研发现，在两所学校的教师管理制度设计上，的确都在实施教师分类管理，将教师分为科研型、教学科研型、教学型等类型，并在教师岗位责任、薪酬分配、考核评价、职称聘任等制度设计上也进行了配套调整。但是这种划分是基于职称评定体系的需要设计的，不是从教师的实践程度出发做出的设计。也就是说，教师分类并没有分为理论型、实践型和"双师型"等类型。这就导致了教师们对"双师型"教师的转型存在动力不足的问题。正如A学院的W老师所说："我们职称评审的时候，不管在哪个类型里，几乎很少看到'双师型'因素的影子。教学型职称评审看中你的教研立项、教研成果、教学获奖；科研型看中科研立项、科研成果和科研获奖；教学科研型的二者兼顾，偏重教学，还是看三项代表作。哪里有双师型指标呢？大学老师没有不看中职称评审的，几乎都在为评职称积累各种材料。所以职称评审的指标就是大家努力的方向。你说在评职称的指标里不怎么体现出来，怎么能让老师们主动往‘双师型’去转呢？”从某种程度上看，地方本科院校的教师管理，不管是招聘环节、教师培训环节，还是教师评聘环节，都比较看重教师的学历条件，而非实践能力。而学历条件仅仅显示的是老师们的专业知识水平或者学术研究水平，而不是实践操作能力或者创新实践能力。因此，地方本科院校的教师分类管理还需要不断健全，在分类体系中，或者在现有的分类指标体系中，应适当增加“双师型”教师素质考核的因素和比重。

其次，“双师型”教师的认证机制不完善。认证机制能够为“双师型”教师的资格和素质的判定提供依据和制度的保证。因为认证机制的建立必然包含认证标准，也应该是由专业的人员按照规范的流程来完成。通过认证的教师，“双师型”身份的合法性就会大大提高。但是通过调研发现，由于“双师型”教师资格的认证制度在政策层面上不统一，导致许多地方本科院校在转型的背景下，为了达到教育行政部门制定的“双师型”教师比例的基本要求，不得不简单地将“双师”的认证等同于“双证”，鼓励教师们去考取教资以外的其他的职业资格证书，以最快的速度、最便捷的方式摇身蜕变为“双师”。在此次调研的两所学校中，持有双证的教师比例还是较高的（见图 3-14）。但是拥有双证的教师真的具有“双师型”教师的素质、“双师型”教师的能力，能胜任“双师型”教师的实践教学任务或者课程任务吗？通过调研，特别是走访学生，得到的答案是否定的。这种急功近利、速求得到的“双师型”教师，不仅不利于教师自身的专业发展，也不能保证实践性教育教学的质量。L 大学行政管理专业的 S 老师通过自己的努力考取了企业人力资源管理师一级证。按理说，他的职业资格已经够高

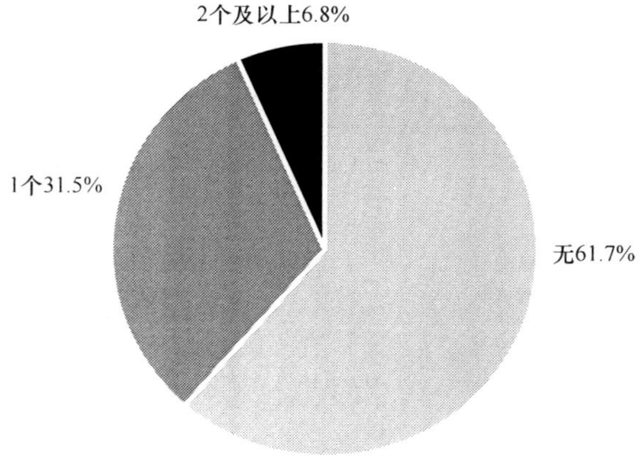

图 3-14 除教师资格证以外教师拥有职业资格证书情况统计

了，但是他的实践经验能不能帮助他支撑起这个级别的资格呢？通过他的描述，显然证明了一个问题，那就是“考证不等于实战”。他给我们介绍说，因为他没有企业 HR 的经验，所以自己在给学生上课时，讲到企业员工的薪酬和绩效管理总感觉讲得比较理想化、理论化和抽象，特别是针对不同层次不同类型企事业单位的绩效考核和薪酬管理的差异性分析，不能结合实际情况进行深入、细致的讲解。只能借助一些案例来分析，分析这个案例中的组织、薪酬管理科学不科学，绩效考核合理不合理。

最后，“双师型”教师的利益激励机制不健全。激励机制是激发鼓励人们按照目标、要求去行为的动力因素。教师作为有限理性的“利益人”，同样也需要一定的激励措施去激发他们做出一定的选择和行为努力。通过调研发现，A 学院和 L 大学针对“双师型”教师的培养虽然有直接的政策作为保障，但是针对“双师型”教师的考核激励政策缺乏可行、具体的指导，仅有简单的原则性说明而已。这些提及的规定，严格来说，主要阐述了“双师型”教师对学校的意义、对人才培养的意义，教师可以去做什么，但是至于相关联的激励措施并没有细化。比如，A 学院对参与挂职锻炼的教师也出台了一定的配套激励政策，比如给予生活补贴、交通补贴等，但是与老师们密切关心的职称待遇的挂钩似乎并不是那么紧密，只是一句话带过而已。由此看出，地方本科院校的薪酬激励制度的设计，缺乏向“双师型”教师的倾斜。

学校缺乏制度设计，从源头来看，也反映出政府在“双师型”教师的认定、聘用和薪酬激励等方面的制度不健全，投入不充分。正是因为政府在对学校划拨教育经费时，缺乏对教师队伍转型的经费支持，导致地方本科院校为了节约或者控制办学成本，在校内教育经费分配时，出现了“内部挤占”，即压缩“双师型”教师培养的经费，优先保证或者增加其他领域的投资。机构建设上，从调研的两所学校的实践情况看，它们均未设置专门的部门来协调“双师型”教师的培养和管理，校内教师队伍与社会中的行业企业的技术人员的交流沟通机会较少。由此看出，地方本科院校对于“双师型”教师的建设，政策激励不到位，精神激励也不充分，这进一步制约了教师队伍向“双师型”转型的积极性。

参考文献

[1] 曾婧．新建地方本科院校教师队伍转型发展实践研究［D］．武汉：华中科技大学，2019.

[2] 孙荣荣．甘肃新建本科院校转型中双师型教师队伍建设问题研究［D］．兰州：西北师范大学，2017.

4　山东省“双师型”教师队伍建设存在的问题及原因分析

4.1　山东省转型院校“双师型”教师队伍基本情况分析

4.1.1　“双师型”教师师资结构分析

4.1.1.1　“双师型”教师人数结构

合理的师资人数结构可极大地保障教师队伍的整体实力。通过对教师人数结构的分析，不仅可以了解整个教师队伍的质量与素质，而且还可以了解在整个教师队伍中“双师型”教师的占比，以便探究它在普通本科院校转型中能否发挥积极作用。

在国家教育政策、地方普通本科院校转型需要以及应用型人才培养需要等因素的影响下，建设“双师型”教师队伍是地方普通本科高校转型的当务之急。在普通本科院校中，公共基础课教师、专业基础课教师、专业课程教师、实践教学讲师均为专职教师。“双师型”教师数量尽管已经有所增长，但“双师型”教师人数占学校专职教师数量的比重较少。在大多数的院校中“双师型”教师队伍都呈现数量不足的情况，只有少数发展较好的应用型技术院校“双师型”教师占比情况还不错，但还远远不能适应当前地方普通本科院校转型发展的需要。因此，转型院校急需引进高质量的“双师型”人才，从而增加“双师型”教师的数量，优化教师队伍质量。

4.1.1.2　“双师型”教师年龄结构

教师队伍的年龄结构是指教师在不同年龄段的分布情况，是用来衡量教师科研活力和教学水平的标志。如何保障教师队伍的年龄结构分布合理，这要求教师年龄分布避免两个极端，即教师的年龄不能太年轻或太老。合理的教师年龄结构应该能保障老中青年教师数量的均衡分布。高校可以合理增加青年教师的数量，以保持与中年教师数量的相对平衡，但青年教师的比例不能超过中年教师的比例。

本书将转型院校教师的年龄进行了以下划分：年龄一般在 30 岁以下（含 30 岁）的属于青年教师，年龄在 30 ~ 50 岁（含 50 岁）之间的教师称为中年教师，而老年教师的年龄一般在 50 岁以上。通过分析发现，在转型院校教师队伍中中年教师占绝大多数，年龄在30～50岁之间的教师数量最多；而青年教师的数量较少。教师年龄结构若想保持相对均衡的状态，转型院校要适当引进高学历、高素质的青年教师，增加青年教师数量，提高青年教师的比例。虽然中年教师具有丰富的行业教学经验和实践经验，在教学质量的提升方面具有极其重要的作用，是学校发展的主力军。但是，一方面，由于这些教师已经完全适应了学校的环境，一些教师也会产生懈怠；另一方面，中年教师由于年龄较大，对新鲜事物以及观念更新方面相对较弱。青年教师充满了活力和创造力，对工作充满激情，他们在知识技能接受和观念更新方面比中年教师有所优势，青年教师的加入可以为普通本科院校转型发展注入新鲜活力。但是，青年教师因为刚从高校毕业，教学经验不足，因此实践操作能力也相对较弱。中年教师有着丰富的行业教学经验和实践操作技能，可以对青年教师进行指导，以提高青年教师的教学水平和实践能力。青年教师与中年教师比例保持相对平衡应当是一所学校保证教师队伍均衡发展的因素之一。因此，转型院校保证合理的教师年龄结构，需要加大引进青年教师的力度，优化教师队伍的年龄结构。

4.1.1.3 “双师型”教师学历、学位结构

学历是指求学的经历。学历分为小学、初中、中专/高中、专科、本科、硕士研究生、博士研究生。学位是指授予个人的学术头衔或荣誉称号，表明他或她在某一特定领域的教育水平或成就，或对该领域杰出贡献的认可。学位一般分为三个层次：学士学位、硕士学位和博士学位。

学历结构是指教师队伍中有不同学历或学位的教师人数的构成情况。它在一定程度上反映了教师的理论知识掌握程度、教育教学能力以及科研能力的水平，对教师队伍的整体素质和学校培养人才质量的衡量发挥着极大的作用。

总的来说，在地方普通本科院校教师队伍中，教师整体师资水平较高。教师历都集中在本科及研究生以上学历，以研究生学历为主；学位多为学士或硕但是硕士研究生以上学历的“双师型”教师数量相对较少。而在实力雄厚大学中拥有博士学位的教师数量要远远高于新建地方本科院校。结果表方普通本科院校对于高水平、高学历人才的引进仍然存在不足，这将对创培养方面有着很大的影响。因此，新建地方本科院校教师的学历水平急提高教师的学历水平创造有利条件，学校可以出台吸引博士研究生到惠政策，例如可以解决教师家属的工作，免费住房，提供丰厚的科研安家费、过年过节的各种福利待遇等，这样也可以激发本校教师攻极性与热情。

双师型”教师职称结构

工作头衔。从理论上讲，专业职称是指专业技术人员的专业

技术水平、能力和成果水平，反映自身的技术水平和工作能力。从学术上讲，它具有学历性质。于专业水平而言，它具有职位的性质。专业技术人员有什么样的专业技术职称，说明其具有什么样的职务或学术水平，也表明其具有一定的身份。高校教师拥有的教学、科研、能力评估等专业职称也称为学术职称。不同的国家有着不同的名称和级别。中国从上到下分为教授、副教授、讲师和助教。

职称结构反映了当前教师在教师职称中的地位，教师职称结构是教师队伍建设的重要组成部分。教师职称结构的合理与否直接反映了教师的整体水平，这也是衡量学校教学和科研水平高低的重要依据。教师职称结构合理化可以提高学校人力资源的效率，进而影响学校的整体水平。一些学者认为，在现代学校中，高级和中级教师的比例应该分别高于20%和50%[1]。

从职称结构来看，地方普通本科院校“双师型”教师队伍中职称结构呈现中间大两头小的情况，初级与高级教师数量较少，而中级、副高级教师数量在师资人数上占比较大。高级职称教师数量较少会影响到应用型人才培养质量的提高。因此，在地方普通本科院校中，“双师型”教师队伍的职称结构需要进一步优化，以便为应用型人才培养提供更优质的师资力量。

4.1.1.5 兼职教师比例

兼职教师是指能够独立承担某一门实践教学任务或专业课教学、有较强实践能力或较高教学水平的校外专家。兼职教师可从企业及社会上的专家、高级技术人员和能工巧匠中聘请[2]。兼职教师的引进对于地方普通本科院校向应用技术型大学转型来说具有积极意义。一方面，兼职教师可以作为学校教师向“双师型”教师转型的有力补充，壮大转型院校的师资队伍，优化教师队伍结构，使学校的教学实力更为强大；另一方面，学校引进、聘用兼职教师（如具有丰富的行业企业经验的高级技术人才），这些实践经验较为丰富的兼职教师可以教给学生本专业相关的实践技能，提高学校人才培养的质量。“兼职教师的聘用可以起到以专带兼、以兼促专、专兼结合，共同提高的作用，但是其前提必须是聘用既有理论又有实践，或技能水平高的高技术人才到学校任教。”[3]

从对转型院校兼职教师来源来看，虽然地方普通本科院校在向应用技术型大学转型过程中，聘请了一些与学校专业对口的高技能人才作为学校的兼职教师来充实师资队伍，但是，目前来看，高校中兼职教师占比远远低于专职教师。教育部虽然没有出台相关政策专门对新建地方本科院校的兼职教师比例进行规定，但可以以对同为培养应用型人才的高职高专兼职人员比例的规定作为参考。“教育部规定各专业从企事业单位现职高级技术管理专家中聘请的兼职教师占学校专业课教师比例要大于或等于16%。”[4]这说明目前兼职教师的比例还没有达到国家规定的比例。此外，除了兼职教师数量较少以外，转型院校的兼职教师多来自其他高校，学校引进的兼职教师并非都是来自工作一线的具备丰富实践经验的高技能人才，来自企业行业的兼职教师数量较少；而且，兼职教师中担任理论课教学的教师比重比担任实践指导课教学的教师数量要多。换句话说，转型院校聘任的兼职教师大多数都是对学生进行理论课的教学，而对学生的实践指导多来自专业教师。学校引进的兼职教师丰富了理论型师资队伍，对理论教学师资进行了补充，但并不是按照“双师型”师资队伍的质量要求引进来自企业行业的高技能人才。来自其他高校的兼职教师虽然壮大了教师队伍的师资力量，但是教师的实践水平不高会对学校应用型人才的培养带来一定的弊端。转型院校即使外聘了少数的企业行业高技术人员作为学校的兼职教师，但这些兼职教师的职称多为中级职称，企业中高级职称的技术人员来校作为兼职教师的数量极少，这与国家要求聘请高级技术管理专家的要求相距甚远。

地方普通本科院校的转型目标是应用技术型大学，这些学校本身具备的高素质、双能力的“双师型”教师的数量比较少，若学校在兼职教师的引进、聘用上多为来自其他高校的理论型教师，也不具备较强的实践操作技能，那对于“双师型”师资队伍的发展与转型将变得极为艰难。转型院校应用型人才的培养需要更多地去引进、聘请企业和行业具有较强的专业实践能力的高级技术人员担任学校兼职教师。这是转型院校丰富“双师型”师资队伍、培养应用型人才的重要途径。学校引进的具有丰富实践经验的兼职教师数量较少，兼职教师多偏重于理论知识教学的情况主要是由于以下几方面原因造成的：第一，虽然转型院校对于引进实践技能较强的技术人员作为兼职教师的理念较为认可，但是由于受到经费的限制，聘请来自企业行业的优秀工程师及高级技术人员作为兼职教师所需的费用要比聘请其他高校的理论教师作为兼职教师的花费较高。学校由于经费不足，为降低办学成本，放弃引进企业行业的优秀高级技术人员作为兼职教师的念头，而聘请一些高校的理论教师作为兼职教师，虽然这些兼职教师也较为优秀，但是大多数教师都缺乏实践经验，只能进行理论课的教学，师资队伍的实践力量并没有得到提高。第二，由于学校不能给兼职教师提供正式的教师编制以及稳定的人事制度的保障，没有固定的办公环境，学校在兼职教师管理上较为困难，兼职教师没有稳定的来源，因此兼职教师流动性较大。学校由于受到教师编制的限制，不能将一些较为优秀的外聘兼职教师转化为学校的专职教师继续稳定地进行高质量人才的培养，同时有部分技术过硬的兼职教师由于人事制度限制，难以与学校形成较为稳定的人事关系。第三，转型院校的教学目标是培养应用技术型人才，但目前兼职教师队伍却存在轻实践重理论的情况，政府缺乏对转型院校师资财政上的支持，在教师资格认定以及聘任制度上也未提供有力的保障。第四，学校在教学时间的安排上较为固定，课时安排比较紧凑，企业高层次技术人员没有固定的时间来校进行教学，个人企业工作时间易与学校教学时间发生冲突。第五，由于兼职教师多为外校的理论教师或者是企业高层次技术人员，学校没有统一对其进行教学培训，兼职教师缺乏教育学、心理学等相关知识，对课堂教学缺乏一定的掌控能力，不能达到较好的课堂教学效果；另外，由于兼职教师来自不同的企业行业，他们自身具备的实践能力和教学能力不同，因此在教学过程中会造成教学水平参差不齐的情况，而且兼职教师流动性较大，学校难以对他们的教学成绩进行考核评定。因此，学校虽引进了兼职教师来壮大师资队伍力量，但兼职教师多为理论型教师，且学校缺乏对兼职教师的管理评定，导致不仅不能真正地提高师资队伍的实践能力，而且给学校造成了经济负担。

4.1.1.6 “双师型”教师来源

教师来源是衡量师资队伍结构合理性的另一个重要指标。应用技术大学的教师来源可以在一定程度上反映教师的操作实践实力。高校教师的来源应更加多元化和多样化。高校教师队伍的多样性和异质性可以使教师能够更好地发挥协同作用，这是大学培养应用型人才的迫切需要，也是大学发展的迫切需要。要满足教师科研水平提高的要求，特别是应用能力培养的要求，学校应优化教师来源，给学生提供更多选择。

应用型专业教师引进人员主要包括高校毕业生（含博士、硕士、本科）、社会高级工程技术人才、社会高技术技能人才、合作单位派到学校的兼职技术人才及社会聘请兼职技术人才等。目前地方本科院校的“双师型”教师队伍中大部分教师是高校毕业直接聘任的博士、硕士生，少数教师是通过社会招聘的兼职教师，而社会高级工程技术人才、社会高技术技能人才、合作单位派到学校兼职技术人才等学校并未引进。

“双师型”教师主要是高校毕业的学生（包括博士生、硕士生和本科生）。这部分教师虽然具有丰富的理论知识，在知识技能接受和观念更新方面有较大的优势，但大部分教师是毕业后直接应聘进入学校的，其实践操作能力、实践水平和相关教学经验相对欠缺。然而，应用型教师或“双师型”教师的实践能力是正在向应用型大学转型的本科院校最需要的。如果学校应用型教师的主体大多是刚毕业的高校学生，这也意味着学校应用型教师的实践能力相对较弱。此外，社会聘请的兼职技术人员和社会高级工程技术人员作为应用型教师的数量也相对较少，远远不能满足地方普通本科院校转型的实际需要和“双师型”教师的需求。此外，学校并没有采取有力的措施引进来自合作单位的兼职技术人才。因此，提高合作单位、企业和社会的高技术工程师、技术人员或兼职技术人员在学校中作为应用型教师的比例，应该是地方普通本科转型院校亟待解决的问题。

4.1.2 “双师型”教师思想观念分析

教师作为转型院校的主体，对“双师型”教师的理解存在认识不足的情况。

首先，大多数教师很少了解和关注国家职业资格证书的相关政策和要求，很少教师能够自主自愿地考取职业资格证书。究其原因，主要是由于国家对该领域政策的宣传力度不足，并且教师对该信息也缺乏关注。其次，许多教师在对"双师型"教师含义的理解上有些偏差。有些教师认为"双师"意味着拥有双重能力；有些教师认为"双师型"教师就是有双证的教师，即教师只要具有大学本专业的职业资格证书和高校教师资格证书就可以成为"双师型"教师了。在这种认识的影响下，教师可能只会一味地考取证书，但实际上证书主要是对理论知识以及部分应用知识的考察，对教师动手能力和操作实践能力并未有相关的具体要求，教师实践能力的提高不能真正落实；还有一部分教师认为"双师型"教师就是拥有双职称的教师。这表明教师对"双师型"教师有一定的认识和了解，但是对"双师型"教师的认识较为片面。新建地方本科院校对"双师型"教师转型的宣传教育力度不够。还有一些教师认为从学术型教师转为"双师型"教师，贬低了教师自身地位，从重视理论研究的本科教师沦落为注重操作能力的高职高专教师。因此，这部分教师对教师队伍的优化转型具有抵触心理，对教师转型持有怀疑和抗拒态度。

4.1.3 "双师型"教师培养途径分析

转型院校对于"双师型"教师的培养可以通过校内与校外相结合的方式。关于校内培训，教师可以通过自学的方式考取与本专业有关的职业技能证书或其他合格证书。学校也可以定期举办一些学习培训活动，邀请一些公司或企业专家到校指导，给教师传授实践操作经验。

转型院校也可以发挥教师参与、主持应用科研项目的积极性，多鼓励、多培养，不断使教师养成"双师型"教师具有的品格。作为高等院校的主要职能之一，科学研究是创新知识的重要来源。本科教育不仅要为学生传授旧知识，而且还应探索未知事物，并在探索未知的过程中发现新知识。新建地方本科院校的青年教师是教学队伍的主体，具有较高的学历和扎实的基础知识，具有资源开发的优势。通过"双师型"师资培训计划，教师可以从实践中获得关键信息，为进行科学研究提供可靠数据，并为申请科研项目和创新科研成果奠定基础。由此可见，从事应用研究也是培养"双师型"教师的重要途径。因此，在转型过程中，地方本科院校要鼓励"双师型"教师进行应用研究。然而，需要注意的是应用研究并不是海市蜃楼，转型院校必须提供相应的平台和资源来帮助"双师型"教师，这样教师才能将理论与实践结合起来更好地进行科研工作。

转型院校可以通过校外培训的方式对"双师型"教师进行培养。学校可以为教师提供培训机会，鼓励教师到企业实习锻炼。"双师型"教师校外培训的主要形式是校企合作。要建立一支"双师型"师资队伍，既要完善人才培养方案中的实践教学环节，又要提高专业教师尤其是实践教师的专业实践能力。由此，“双师型”教师必须了解行业的现状和发展趋势，了解行业企业对高校学生素质的要求，掌握企业产品的品种和性能，并掌握新技术以及生产操作的具体流程与方法。为此，企业与高校之间必须建立合作关系，为高校教师到企业实习锻炼提供场所、设备等，建立“产学研”相结合的合作机制。通过企业培训的方式，使“双师型”教师慢慢拥有理论与实践相结合的教学能力，逐渐将教学中的理论运用到实践中去。

4.2　山东省转型院校“双师型”教师队伍建设存在的问题

地方普通本科院校的顺利转型将有助于对高等教育结构进行优化，服务地方经济和发展服务。地方普通本科院校的转型要将重点放在对“双师型”教师队伍的建设上。教师队伍的结构也决定了人才培养的类型。实现地方普通本科院校向应用型本科院校转变的关键是充分发挥地方普通本科院校的职能，加强“双师型”教师队伍建设。然而，由于国家出台相关转型政策的时间较短，地方普通本科院校向应用技术型大学的转型还处于起步阶段，转型院校的“双师型”教师队伍建设还存在很多亟待解决的问题。这些问题严重影响了高校师资队伍建设，也阻碍了地方普通本科院校转型的发展进程。在以上对山东省转型高校“双师型”教师基本情况分析的基础上，总结转型院校“双师型”教师队伍建设中存在的问题。

4.2.1　师资结构不合理

前文对山东省转型院校“双师型”教师队伍建设的基本情况已经进行介绍和分析，主要包括教师的数量、年龄、学历学位、职称以及教师来源情况。从分析结果来看，转型院校“双师型”教师队伍结构存在不合理的现象，不能满足本科院校转型的迫切需要。

4.2.1.1　“双师型”教师数量不足

“双师型”教师数量的多少是衡量学校培养应用型人才质量的关键。教育部指出：“到2022年，职业院校专业课中‘双师型’教师以及专业基础课教师的比例应达到总数的50%。”[5] 新建地方本科转型院校要比职业院校办学层次高。虽然教育部没有明确规定普通本科转型院校应该拥有的“双师型”教师数量，但转型院校“双师型”教师比例应该高于职业院校所要求的比例，即“双师型”教师所占比例应该大于50%。

然而，综合前文来看，山东省转型院校“双师型”教师数量仍然存在很大缺口，数量相对不足。“双师型”教师人数占学校专职教师数量的比重较低。大多数地方普通本科院校转型过程中都呈现出“双师型”教师队伍数量不足的情况，远远不能满足地方普通本科院校转型发展的需要。这势必对学校应用型人才的培养质量产生不利影响，也阻碍了地方本科院校的转型进程。

造成“双师型”教师数量不足的原因主要有以下几点：首先，转型院校教师的来源相对简单，且进入高校的门槛很高。目前本科高校招聘教师几乎都来自高校毕业生，并且是毕业于“211”或“985”院校的硕士生、博士生。一些实践操作能力较强、具有丰富的企业工作经验的人由于受到高校招聘学历的限制，打消了到高校当教师的想法。其次，教师自身对于“双师型”教师的含义认识不清，出现了“双师型”教师就是拥有双能力、双证或双职称的教师等认识误区。一方面，由于国家对转型院校以及“双师型”教师等相关政策的宣传不足，导致部分想要去申请担任转型院校教师的人放弃了申请机会；另一方面，转型院校在福利待遇以及各种优惠政策方面没有创造吸引人的有利条件，例如可以解决教师家属的工作，免费住房，提供丰厚的科研启动基金以及安家费、过年过节的各种福利待遇等，造成了一部分有能力的教师的流失。

4.2.1.2　“双师型”教师职称结构不合理

教师队伍的职称结构是指各类职称教职员工的数量比例关系。它基本上反映了教师队伍的学识水平和胜任教育教学工作的能力层次。合理的职称结构对教师队伍建设有着极其重要的意义。教师职称结构是教师队伍建设的重要组成部分。教师的整体水平由教师职称结构的合理与否直接反映，也是衡量学校教学和科研水平高低的重要依据。合理的教师职称结构能够提高学校人力资源的效率，从而影响学校的整体水平。一些学者认为，在现代学校中，高级和中级教师的比例应该分别高于20%和50%。

然而，根据前文对山东省转型院校“双师型”教师队伍职称结构的分析，转型院校“双师型”教师的职称结构呈现了两头小中间大的倾向，具有初级职称和高级职称的教师人数比较少，具有副高级职称和中级职称的教师人数偏多。从拥有高级职称的教师数量相对较少来看，离要求高校具有高级职称教师数量达到20%还有一定差距。因此，可以看出转型院校“双师型”教师在晋升高级职称方面存在一些困难，学校很难满足教师的个人需求和专业发展的提升，并且这会对高校应用型人才培养的质量产生影响。

新建地方普通本科院校“双师型”教师队伍职称结构欠佳的原因是由于在高校转型后，学校并没有明确的教师职称评聘标准，依旧按照学校转型前的职称评聘标准对教师职称进行评定；并且高校在进行职称评定时，依然偏重学术，以教师的科研成果和学术成果为主要评定标准，忽略了在教师实践技能水平方面的要求。这就出现了职称评估的方向不明确，教师缺乏积极性的情况。与此同时，许多新建的地方高校科研基础薄弱，教师很难发表高质量的论文，申请重量级科研项目的实力不足。然而，在职称评定标准中高质量论文以及科研项目是评定的关键条件，这导致了许多教师由于科研项目及论文的限制而无法被评定为教授。这也是造成高级职称教师缺乏的重要原因之一。

4.2.1.3 教师来源单一

新建地方普通本科院校致力于向应用技术型大学转型，这就需要更多的“双师型”教师来扩充师资队伍。转型院校应该招募高级工程专业人才，并从合作企业聘请优秀的一线工程师来指导学生的实习和实践活动。但是，大多数高校直接招聘从学校刚刚毕业的硕士生、博士生。虽然刚从学校毕业的教师具有丰富的理论知识，在知识技能接受和观念更新方面有较大的优势，但大部分教师是直接从一个学校跨入另一所学校，其实践操作能力、实践水平和相关教学经验相对欠缺。而应用型教师或“双师型”教师的实践能力是正在向应用型大学转型的本科院校最需要的。如果学校应用型教师的主体大多是大学应届毕业生，这意味着学校应用型教师的实践能力也相对较弱。这与地方本科院校向应用技术型大学转型的目标相违背。

多年来，传统教育理念一直影响着地方本科院校，导致其仍然采用传统标准进行教师招聘，只看重教师的学历然后再对教师科研能力进行考察。地方普通本科院校向应用技术型大学转型，其人才培养目标也应转变为对应用型人才的培养。较为丰富的理论基础知识以及较强的实践创新能力是高质量优秀人才应具备的品格。为了培养出这样的应用型人才，学校教师的素质结构也应有所转变。一方面转型院校应扩大教师招聘渠道，不断引进不同来源的教师。同时，学校可以外聘一些企业中实践经验较为丰富、专业技能较高的高级技术人员，对应用型人才的培养作出一定的贡献。但是，由于他们长时间在企业工作，很少了解专业前沿理论知识，缺乏如何组织课堂教学的经验，导致对课堂教学的掌控力不足。因此，转型院校在丰富教师来源渠道之外，要对企业教师进行培训，使他们掌握教育学、心理学等方面的知识，积累组织课堂教学的经验，以提升教学质量，培养高质量人才。

4.2.2 教师整体素质有待提高

教师素质是职业素质的表现之一，是教师在从事教育活动过程中应具备的基本品质或基本条件。教师素质主要包括专业性知识、专业能力以及专业理想。专业知识包括学科专业知识、文化基础知识以及丰富的教育理论知识。作为一名“双师型”教师，不仅需要掌握与本专业相关的基本知识及专业理论，并且需要掌握与新建地方本科院校的转型相适应的教育科学知识和学生管理知识，并需要对专业实践知识有一定的把握。专业能力是指教师应该具备丰富的与本专业相关的企业实践能力以及企业工作经验，能够对学生的实践能力的提升进行指导帮助。专业能力具体包括具有符合应用技术型大学授课的教育及管理能力；具有符合应用型大学特点的教育和教学能力；能够对本专业的发展前景进行科学分析，并具有进行课程开发和科学研究的能力。人格结构是指教师在从教过程中对教育工作的热爱以及所具有的责任心等。

4.2.2.1　具有相关专业经验的“双师型”教师数量较少

地方普通本科院校向应用型大学成功转型的关键条件之一在于具有高素质的“双师型”教师。这些教师必须拥有丰富的专业理论知识以及与本专业相关的企业工作经验、企业实践能力等。但是，转型院校本来拥有的“双师型”教师数量很少，而具有企业实践经验、有专业背景的“双师型”教师数量更是寥寥无几。从前文教师来源情况可知，转型院校教师来源途径较为单一，大部分教师都是来自高校毕业的硕士生、博士生，只有少部分是企业外聘的具备专业技能的兼职教师。因此，大部分教师虽然有着丰富的理论知识，但是他们的专业背景或企业经验几乎没有，专业经验几乎为零。

4.2.2.2　教师具备的教育教学知识以及企业实践知识不足

为了实现地方普通本科院校的成功转型，在高等教育招生的背景下，本科高校引进了大批的硕士及博士毕业生，以丰富教师数量，提升师资质量。这些毕业于高等院校的硕博研究生教师们的特点是他们走出一所大学后进入了另一所大学。他们有着丰富的理论知识，但实际操作知识了解甚少，且缺乏教学经验，对课堂的驾驭度有待提高。

首先，部分教师在教育教学知识方面虽然具备一定的教育和教学知识水平，但是绝大部分教师没有系统学习过专业的教育学知识，对教学过程中使用到的教学知识不太了解，并且这些教师在正式入职前没有正规地进行岗前培训。因此，与应用技术大学相比，地方本科转型院校的教师在教育教学知识方面还存在一定的差距。其次，在企业实践知识方面，由于教师在教学过程中很少在与本专业相关的企业中进行实践，所以地方本科转型院校教师在企业实践知识方面相当匮乏。地方本科院校要想向应用技术型大学转型，教师应该有着丰富的企业实践经验，这是成为应用技术型大学教师应具备的首要条件。但是，现在高校教师并不熟悉本专业相关的企业工作流程，教学工作与实践操作之间存在一定的脱节。因此，地方普通本科院校教师在教育教学知识及企业实践知识上掌握不足，远达不到应用技术型大学“双师型”教师的要求，不能满足高质量人才培养的需求。

4.2.2.3 教师实践操作能力有待加强

地方普通本科院校的目标是向应用技术型大学转型，教师实践水平的高低也是高校成功转型的关键因素之一。丰富的实践操作能力对教师教学、培养高质量人才是极其重要的。教师在对本专业相关的工作有了一定接触后，具有了一定的工作经历，熟悉了工作流程，才会体验到本专业相关的具体实践环节。也就是说，教师在掌握专业理论知识的情况下，在企业工作中利用专业理论知识进行实际操作，熟悉本专业的各种操作技能，不断丰富自己的实践操作经验，才能指导学生的实践环节，培养学生的实践操作技能。

然而，大多数转型院校师资队伍的实践操作能力较弱，专业素质有待加强。教师队伍的实践能力弱、专业素质不高。即使部分教师作为实训老师，其解决与本专业相关的生产实际问题和动手实践的能力仍然不过关。教师实践经验及操作能力的不足在教学过程中会产生许多的弊端。首先，对教师教学产生不利影响。地方普通本科院校向应用技术型大学转型，“双师型”教师在教学过程中不仅要传授本专业相关的原理性知识，技能性知识的讲授更为重要。但是技能性知识的讲授只借助教师的课堂言语是远远不够的，课堂教学要和实践教学结合起来，在实践中利用所学知识熟练技能，丰富自身的专业实践经验。其次，教师实践能力的不足对于高质量人才的培养也带来了不利。在知识社会迅速发展的大背景下，实践教学在学生的就业工作、生活等方面都需要得到重视。但是转型院校教师实践能力的不足对于技术人才的自主发展和终身发展造成了一定的阻碍。学生在学校只习得了本专业相关的理论知识，但是由于缺乏实践环节，学生的动手以及操作能力的发挥受到了一定程度的限制，这将对学生就业造成了不利影响。

4.2.3 对“双师型”教师观念的理解存在误区

地方普通本科院校向应用技术型大学实现成功转型，关键在于学校要建设一支师资结构合理、整体素质较高的“双师型”师资队伍。因此，“双师型”教师队伍的建设是教师队伍实现成功转型的重要途径。但是，由于国家对宣传“双师型”教师相关政策方面力度不够，对“双师型”教师激励政策、管理机制不完善等原因，当前社会大众、学校，尤其是教师个人对于“双师型”教师的认知观念存在一定误区，对“双师型”教师内涵方面的理解也较为片面。

4.2.3.1 “双师型”教师资格认证制度待完善

虽然在地方普通本科院校向应用技术型大学转型过程中，学校教师队伍中也出现了很多“双师型”教师，但是由于国家对“双师型”教师的内涵缺乏统一的标准，对“双师型”教师资格相关认证制度也没有进行完善，致使对“双师型”教师的理解出现了“双证”“双能力”“双职称”等片面说法。高校在转型压力下，对本校的普通教师进行包装，把普通教师向“双师型”教师方向打造，从而达到学校评估对本校“双师型”教师规定数量的要求。部分学校要求普通学术型教师教授应用型专业课程，这样可以转型为“双师型”教师；部分教师迫于学校的压力，根据学校提出的“双师型”教师考核要求去考取了相关的专业资格证书，具备了“双证”成为“双师型”教师。因此，在学校的政策要求下，许多高校普通的学术型教师迅速转变成了“双师型”教师，“双师”教师的数量也满足了相应的要求。但是，获得“双师”资格的教师能否胜任本专业的实践教学工作，答案是显而易见的。“双师”教师资格认证制度的不完善不仅会影响转型院校“双师型”教师的质量，对教师自身专业发展带来不利影响，而且不能保障高校的教学质量，对高校兼具专业知识及实践技能的人才培养也造成了一定的阻碍。因此，政府应该尽快完善高校“双师型”教师资格相关认证制度，明确规定哪个部门具体负责证书的认定等，便于对“双师型”教师的标准进行明确规定。

4.2.3.2　学校对“双师型”教师概念认识不清

据调查，部分地方普通本科院校存在一定的投机想法，向应用技术型大学转型这一目标并不单纯。有学校管理者称，部分学校申请转型试点单位的目的在于希望在转型成功后国家及地方政府在学校经济上提供支持，学校可以获得更多的财政拨款以及政策上的支持；还有部分高校希望在转型成功后，上级能够审批硕士学位授予权，提高地方本科院校的办学层次。这些学校借助转型这一手段来实现其他“小算盘”，高校转型思想的不单纯导致学校转型难以落实，教师队伍的转型也徒有形式，无实质内涵。

部分高校管理者对“双师型”教师的含义存在一定的曲解。部分人员认为拥有了“双证”就成为“双师型”教师。也就是说，教师只要拿到了本专业相关的职业资格证书和高校教师资格证书，就能获得“双师型”教师认定资格，成为“双师型”教师。在这种理念的影响下，在学校教师队伍中教师存在跟风考证的现象，这些证书一般都是与专业挂钩的职业证书。但是，职业资格证书的获取依然以笔试的方式进行，主要还是以考察本专业的理论知识以及部分应用知识为主，对于专业操作技能的考察并未涉及。虽然转型院校教师队伍中拥有“双师型”教师的数量有所增加，但是教师的动手操作能力及实践水平的高低是无法考察的。高校教师迫于学校要求，花费了大量时间去学习拿证，在拿到职业资格证书后，他们虽有着丰富的理论知识，但并没有相应的实践能力。这将会在高校产生一种重学术、轻能力的不良现象，教师也难以保证课堂教学质量。

4.2.3.3 社会大众及教师自身对“双师型”教师认识不足

由于受到我国一直以来重知识、轻能力这种风气的影响，我国对于高等应用技术教育的基础研究还不够深入，对其内涵的了解也存在一定误区。不仅转型院校部分管理者不够了解“双师型”教师的概念，而且社会公众以及教师自身对“双师型”教师的内涵的认识也相对不足。一方面对“双师型”教师的含义具有一定的曲解；另一方面，社会大众对于“双师型”教师带有一种偏见的眼光，认为是教师地位的降低。

社会大众对“双师型”教师的理解也存在一些误解，歪曲了“双师型”教师的含义。大部分人认为“双师型”教师是仅理论基础知识较为薄弱，在地位上略低于学术型老师的教师。还有部分人认为“双师型”教师主要是学校雇佣来教书的工人，他们让学生学到的专业基础知识转换成实际动手操作能力。一些家长听到学校拥有“双师型”教师，认为学校是主要招收文化水平不高学生的低层次学校，错误地将转型院校理解成高职高专院校。在社会上一直普遍存在这种错误的传统观念，这也对高校教师向“双师型”教师转变产生了一定的负面影响。

教师作为转型主体，对“双师型”教师含义的认识不足。由于国家对于宣传“双师型”教师相关政策的力度不够以及教师自身缺少对本专业相关信息的了解，有相当一部分教师不了解国家职业资格证书的相关信息，并且许多“双师型”教师作为应用技术教师，对国家职业资格证书信息不够关注和熟悉。部分教师对何为“双师型”教师也存在较为片面的理解。有些教师认为“双师”代表着双重能力；有些教师认为“双师型”教师就是拥有双证的教师，即教师只要具有大学本专业的职业资格证书和高校教师资格证书就可以成为“双师型”教师了。在这种思想下，教师可能只会一味地考取证书，但实际上证书主要是对理论知识以及部分应用知识的考察，对教师动手能力和操作实践能力并未考察到，教师的实践能力也不会有所提高。还有一部分教师认为“双师型”教师就是拥有双职称的教师。这表明教师对“双师”有一定的认识和了解，但是对“双师型”教师的认识方面较为片面。在转型的过程中，新建地方本科院校对“双师型”教师转型等相关内容的宣传教育力度不够。还有一些教师认为从学术型教师转为“双师型”教师，贬低了教师自身地位，从重视理论研究的本科教师沦落为注重操作能力的高职高专教师。因此，这部分教师对教师队伍的优化转型具有抵触心理，对教师转型持有怀疑和抵制的态度。学校应对“双师型”教师的内涵教育方面适当的加强，使教师对“双师”有一个明确清晰的认识，保障教师队伍及学校的成功转型。

4.2.4 “双师型”教师培养机制不健全

4.2.4.1 教师保障制度短缺

“双师型”教师保障制度主要体现在两个方面：一是与聘任、编制相关的人事管理制度；二是与职称评定、福利待遇相关的激励政策。从人事管理制度这一方面来看，转型院校并没有解决“双师”教师的编制问题，并且高校从公司、企业外聘的具有丰富经验的兼职教师也没有受到教师编制的保障。许多地方本科院校在转型过程中，从一些企业、公司聘请了具有本专业工作经验且技术一流的高级技术人员来校任教，但是由于学校并未出台与外聘教师编制相关的人事保障制度，受到学校教师聘任制度的制约，这部分外聘教师容易流失，难于管理，不稳定因素较多。大学人事管理长期以来都存在强调学历、忽视人才的现象，导致许多大学都看重学历和学位。有部分人虽在学历、学位上达不到较高水平，但实践技能和动手能力较强，受高校学历限制难以进入高校任教。因此，在高校聘任、学历等多种因素的制约下，这些具有丰富工作经验及实践操作能力的来自企业的兼职教师难以与转型高校建立长期、稳定的人事关系。这些因素的存在对转型院校“双师型”教师队伍建设产生了一定的阻碍，影响了教师专业的发展。

教师保障制度的短缺还体现在转型院校对“双师型”教师的激励政策上。激励政策在人力资源管理中具有极其重要的作用。拥有健全的激励政策能让人有充足的动力对待工作，对工作产生极大的满意感。在地方高校转型过程中，“双师型”教师队伍的成功转型需要借助各种福利待遇及评奖评优等激励政策，为“双师”教师提供激励政策方面的支持，这样教师才能有饱满的热情及动力向“双师型”教师转型，提高师资队伍质量，以便能更好地实现地方普通本科高校向应用技术型大学转型的这一目标。但是，在高校“双师型”教师队伍建设过程中，高校并未出台与“双师型”教师相关的各种福利政策，在职称评定、福利待遇方面也没有向“双师型”教师倾斜。地方普通本科高校在转型前后对教师的激励政策没有发生变化，“双师型”教师与高校普通教师采取同样的职称评定标准、福利待遇等，并未与普通教师的福利待遇区别开来。一些“双师型”教师表示，在成为“双师型”教师后，学校并没有对我们这些教师提供福利政策方面的支持，学校能给提供的培训机会也较少，并且在培训过程中，教师也不能耽误学校教学任务，时间上无法平衡，任务较重。在外出培训过程中，交通费、住宿费及培训资金存在自己垫付的情况，这就造成了教师不愿主动进行培训。

由于政府并没有明确规定“双师型”教师评定的标准，国家给“双师型”教师转型提供的资金支持较少；转型院校也没有设置专项资金对教师进行培训支持，缺少专门的部门对“双师型”教师进行培养管理，同时，地方本科高校在转型前后，激励政策不健全的问题尚未解决，也进一步影响了教师队伍转型的积极性。

4.2.4.2 教师考评制度不完善

目前，地方普通本科院校向应用技术型大学转型，对“双师型”教师实行的考核及评估制度依然与转型前一样，考评方式较为单一，专业针对性较弱，整体评价机制缺乏整体设计。省主管部门的考核机制和职称评定政策未发挥出对教师实践能力提高的指导作用；而且，现有职称评定的结构比例依然与转型前相一致，为“双师型”教师的职称评定带来一定的难度。转型院校对“双师型”教师的考核及评价方式依然采用普通大学教师的评估系统，全面评估“双师型”教师的教学和科研成果，填写表格并设置多个步骤，评估步骤看起来很复杂，但实际上评估方法相对单一，没有设立对“双师型”教师倾斜的考评制度。由于这种考核评估方式仅仅借助书面材料，缺乏对“双师型”教师实践技能等方面的考核，因此达不到考核评估的真正目的。并且，考核方式的单一化及简单化容易使教师缺乏危机感，部分教师可能会以应付的心态参与考核，对参与考评的积极性与热情不高。一些转型高校在教师考评方面制定了相应的考核评价制度，但依然采用量化的方式对教师进行考评，例如：高校通过设置问题的方式，让学生对教师的教学方式、教学质量等方面进行评价。这种片面的考核方式难以真正考评教师工作的复杂性以及教师的实际工作状况如何，未发挥出考评制度的实际价值。

国家教育主管部门对“双师型”教师的考评制度缺乏统一的评定标准及政策保障。在地方普通本科院校向应用技术大学转型的过程中，教师任用和考核重理论轻实践现象也仍然存在。教师的分类管理也不明确，考核指标体系不健全，整体考核评价机制不完善，没有法律法规的保障制度。

4.2.4.3 “双师型”教师培养机会少

学校的培养与培训在教师专业发展中发挥着极其重要的作用。地方普通本科院校向应用技术型大学转型，“双师型”教师队伍的建设是高校实现转型的必要条件。大多数教师，尤其是“双师型”教师，他们想实现自身专业水平的提高，渴望学校为他们提供更多的培训机会，进一步学习本专业知识，同时提高自身的动手操作能力及实践技能。但是，大多数教师表示，学校对于教师培训这方面的工作缺乏重视，学校提供的培训机会较少，许多教师很少参加相关专业的培训。

一些“双师型”教师认为，学习转型成功的先决条件是“双师型”教师队伍建设，因此，学校应该安排教师到企业进行实践学习或者是将“双师型”教师送到发展较好的应用技术型大学学习专业知识从而满足“双师型”教师的需求。确保“双师型”教师经常有培训机会，以实现专业能力的提升。作为“双师型”教师，不仅需要具备丰富的专业理论知识，实践技能也更为重要。但是，一方面，学校提供的培训机会较少，学校安排了企业培训，教师在去企业进行实习充电的同时，学校布置的教学任务也必须得完成，这就造成了教师时间紧、任务重的情况，教师的教学压力较大，培训学习与教学之间无法平衡；另一方面，由于学校缺乏对教师培训学习相关的福利政策，部分教师由于教学任务重，缺乏对参加学习培训的积极性，很少参与学校相关的培训活动，造成了许多教师安于现状的局面。

此外，从师资结构中可以看出，在“双师型”教师队伍中，刚从大学毕业的年轻教师的数量居多。由于这部分青年教师面临着买房买车等生活压力，因此他们也十分关注学校的福利待遇等方面的条件。但是，转型院校对“双师型”教师和普通教师的福利政策相同，没有在福利政策上向“双师型”教师进行倾斜。部分教师在去企业实习锻炼的过程中，甚至出现了学校工资待遇未得到保障的情况。虽然青年教师在实践操作能力上较为欠缺，他们也渴望去企业学习、充实自己，但是他们没有得到学校福利政策的保障，这就让原本想去学习实践的他们放弃了学习机会。除了学校提供的培训机会较少以外，部分教师认为学校提供的学习实践及专业指导也较少。此外，缺乏科研平台和实验条件、学校科研配套政策不足、培训内容与实际生产脱节等方面也是制约教师专业发展的重要原因。

地方普通本科转型院校对“双师型”教师提供的培训学习机会较少，要考虑以下几个因素：第一，从国家政策来看，“双师型”教师培训的相关政策缺乏，学校的“双师型”教师培训体系有待进一步完善，学校“双师型”教师培训尚未落实。第二，近年来，高校招生规模不断扩大，学生人数不断增加，班级数量过多，但由于教师数量较少，学校也没有积极引进人才，导致过于沉重的教学任务落在少量教师身上，教师的教学任务繁重，教学压力过大，无暇顾及学校出台的相关“双师型”教师培训政策机会等。第三，在奖励培训机制上转型院校也缺乏对“双师型”教师进行一定的奖励激励，教师对“双师”培养的积极性不高，没有进行深入学习、培训的意识。这几个因素造成了教师培训机会少，自身专业发展不足，当然这对于教学质量的整体提高也带来了一定的不利影响。

4.2.4.4　校企合作培养力度不够

地方普通本科院校向应用技术型大学转型，“双师型”教师队伍的建设发挥着极为重要的作用。校企合作是高等院校培养“双师型”教师的重要渠道，在技能性人才的培养上发挥着不能替代的作用。向应用技术型大学转型的新建地方普通本科院要加强与企业之间的强强合作，为学校教师提供实习培训机会。对建设“双师型”教师队伍方面校企合作也能发挥有力的作用。第一，转型学校的教师可以去企业进行专业实习，这些教师都有着丰富的理论基础知识，到企业进行实习锻炼可以将专业理论知识运用到实际的企业工作中，这对于教师积累实践教学经验以及实践教学能力的提高发挥了重要的作用。第二，地方普通本科院校与企业搭建合作平台，企业可以外派经验丰富的工人或者高级技术人员到学校进行指导，给学校教师以及学生传授一些实际操作经验，对他们进行专业相关的实践培训。另外，地方普通本科院校可以与企业一起申请本专业相关的课题项目进行研究，这样不仅可以使学校与企业的合作更加密切，而且通过合作研究课题，教师可以在学术研究的基础上，丰富企业实践经验，亲身感受相关专业的企业实践问题。

然而，地方普通本科院校在培养“双师型”教师方面与企业的合作力度不够，不能为“双师型”教师搭建一个完善的培训平台。校企合作培训平台建设的不成功是由以下几个原因造成的：第一，政府没有出台相关的校企合作激励政策，未考虑到与学校进行合作培养教师的企业的切身利益。在市场竞争越来越激烈的情况下，企业考虑到自身的盈利目的以及企业发展需要，他们不愿意与学校进行合作，培养“双师型”教师的实践能力。第二，由于学校的部分教师很少有企业实践的机会，实践经验较为薄弱，而企业的发展关注生产质量的提升，因此企业在与学校搭建培养合作平台之前，对转型院校教师的实践操作能力持怀疑的态度，不放心教师来企业进行实践，以免影响企业的工作质量及进程。第三，由于国家和社会对高校转型关系密切的“双师型”教师队伍建设缺乏宣传，企业对“双师型”教师队伍建设的相关政策不够了解，因而对于校企合作培养“双师型”教师的重视程度不足，没有实现高校转型对于高素质人才培养的重要作用。

4.2.4.5 学校办学自主权受到限制

地方普通本科院校在人才引进上，需要通过全国统一的招聘考试制度进行教师招聘，学校没有进行教师招聘的自主权。目前，地方高校大多数都是公立高等学校，政府扮演着投资者角色，在高校办学、招生等方面具有一定的影响力。在办学过程中，由于地方本科高校与政府存在意见不统一的情况，易造成政校混乱的局面。政府在高校办学过程中虽对教育资源、资金等方面进行了支持，但政府的过多干预造成了高校办学自主权受到限制，办学自主权较小。高校在专业设置、学科建设、招生指标等教育资源上也需要参考政府部门的相关制度和意见。缺乏有效的监督、评价和反馈，不利于形成流动有效的竞争机制，也难以实现学科和专业的科学发展。政府是一只看不见的手，它导致了高校办学的趋同。它主要通过控制高校资源的配置和办学自主权来发挥高等教育的管理职能。由于高校的办学层次及办学条件不同，政府的过多干预限制了不同地区的学校制定适合自己办学特色的招生考试标准，不利于高校的特色发展。地方普通本科院校向应用技术型大学转型，政府应该下放权力，为高校提供一定的办学自主权，避免对高校发展过多的干预。

4.3 “双师型”教师队伍存在问题的原因分析

4.3.1 转型带来的遗留问题未解决

新建地方普通本科高校以成为应用技术型大学为发展目标，高校的转型符合地方普通本科高校的利益发展需求，有利于保障转型院校向更深层次纵向发展。但是，新建地方普通本科院校还处于向应用技术型大学转型的初始阶段，一些在高校转型前的遗留问题还未得到解决。虽然这些新建地方本科院校已转型成功，但这些学校的前身都是一些专科学校，经过长期发展，这些专科学校进行合并，发展成了独立院校或地方普通本科院校。因此，在学校教师队伍中，原来的一些教师继续留校进行教学工作，由于这些教师学历较低，自身具备的专业知识不足，缺乏实践教学经验以及动手操作技能，达不到应用技术型大学“双师型”教师的素质要求；而且，这些教师由于是转型前专科学校留校任教的教师，他们的年龄普遍较大，学习、接受新鲜事物的能力较弱，即使学校为他们提供了一些培训进修的机会，但是他们在教育观念更新上还存在一定的难度。虽然转型院校引进了一些高素质人才，在师资结构上进行了更新。但是这些老教师也在一定程度上给“双师型”教师队伍建设造成了一定的阻碍，使地方普通本科高校向应用技术型大学转型的进程受到影响。

由于新建地方普通本科院校处于向应用技术型大学转型的初始阶段，学校没有过多的转型成功案例可进行学习、借鉴，因此地方普通本科高校的转型依然处于一个较为迷茫的时期。在这样的情形下，新建地方普通本科高校对是否转型及转型操作政策存在一定的疑惑。学校部分领导和教师对“双师型”教师队伍建设持有怀疑、观望态度，甚至部分教师对“双师型”教师培养一直持反对意见。一些教师表示：“对学校转型以及教师队伍转型一直心存疑虑，学校向应用技术型大学转型是学校层次的纵深提高还是降低了学校的办学层次，转型后是否与这些高职高专院校一样，变成了专科层次，这是考虑的第一个问题。并且，教师队伍建设能否向‘双师型’教师队伍转型也是一个难题。因为部分教师对学校转型一直持有怀疑、否定态度，如果学校明确地对普通教师提出向‘双师型’教师转型的规定要求，是否会影响正常的教学秩序，教师会不会辞职以至于造成一定程度的人才流失。此外，并不是所有的普通教师都能适合转型成‘双师型’教师，比如说这些文科类教师如何进行转型，这都是目前较为迷茫、需要解决的问题。”

新建地方普通本科院校在“双师型”教师队伍建设上还是迷茫阶段，一些转型前遗留问题也未得到解决。这一定程度上阻碍了“双师型”教师队伍建设的进程。新建地方普通本科院校向应用技术型大学处于初始阶段，在“双师型”教师队伍建设方面缺乏一定的成功经验。在师资队伍的建设方式上，这些新建地方普通本科院校与高职高专学校的培养方式存在一定程度的不同，“双师型”教师队伍无论在素质还是在数量方面都要远远高于高职高专院校的教师，因此对于“双师型”教师队伍的建设不能采用高职高专相同的教师建设模式，这给新建地方高校建设“双师型”教师队伍带来了很大困难。

4.3.2 政府支持力度不足

4.3.2.1 政策支持力度不足

首先，政府在高校教师引进方面缺乏高校教师引进自主权的相关政策支持。地方普通本科院校在人才引进上，需要通过全国统一的招聘考试制度进行教师招聘，学校没有教师招聘的自主权。除博士学历外，其他学历的应聘者若想进入高校任教，必须通过全省统一命题的招聘考试制度。这种统一的招考方式虽然一定程度上有利于考试过程的顺利实施，但由于高校的办学层次及办学条件不同，统一的考试制度限制了不同地区的学校制定适合自己办学特色的招聘考试标准。在统一的招聘制度下，录用教师的标准一致化会造成许多优秀人才的流失，对于人才的多样化培养产生不利影响。在地方普通本科院校向应用技术型大学转型过程中，学校招聘高层次人才依然存在单一化的招聘考试标准，在挑选人才时依然存在偏重学历、知识，轻视实践技能的现象，这与培养具备实践技能的“双师型”教师队伍目标相悖，违背了应用技术型大学的办学理念，难以培养出实践经验丰富、动手操作能力极强的技术技能型人才。育人理念与实际招聘考试制度的不一致，导致了办学质量的下降及办学方向的偏移。通过单一的招聘方式只能考核教师掌握的理论知识程度，而不能准确衡量他们的技术技能如何。如果政府没有高校教师自主招聘的相关政策支持，招考制度一直偏重理论文化知识，忽视考察应聘者的专业技能，不仅对“双师型”教师队伍的建设带来阻碍，影响地方普通本科院校转型为应用技术型大学的进程，而且对于学校人才培养质量也带来一定的影响。

其次，在校企合作方面，政府没有给参加校企合作的企业切实的利益，使得企业的积极性不高，校企合作难以开展。高等院校培养“双师型”教师的重要渠道就是校企合作，校企合作在技能性人才的培养上发挥着不可替代的作用。新建地方普通本科院要想向应用技术型大学转型，就要与企业加强合作，给学校教师实习提供培训机会。

4.3.2.2 资金支持力度不足

经了解，学校的总经费每年都有略微的增长，但“双师型”教师的专项培训费用却没有得到大幅度的提升，并且学校中大部分的“双师型”教师没有参加过“双师型”教师方面的培训。虽然高校一直致力于教育方面的标准化建设，但是大部分的教师还是因为经费不足无法进行深层次的行业培训。据了解，非“双师型”教师被学校选送或者是经过其他渠道参加技能培训的数量较少。有些教师没有参加相关培训的原因是，部分教师认为学校的教学课时量较多，无法抽出更多的时间去参加相关教师的培训，也有一小部分教师由于自身的原因，对于参加教师培训方面不感兴趣，所以不愿意参加此类的培训，其他教师因为学校对于此类培训方面的经费不足而无法参加，因为学校没有提供专门的经费支持导致他们此类培训的机会白白流失。

由于地方新建本科院校数量越来越多，国家每年拨给各地的“双师型”经费受到限制，尤其对于民办的新建本科院校，本身国家对于教学经费方面就得不到支持，所以学校就不会给予“双师型”教师团队建设经费。有些投资方为了自身利益的需要，对于教师队伍转型方面的费用也是能省则省，教师去行业、企业学习的机会更是微乎其微。纵使有一些教师能通过自身的人脉关系寻得提升实践的机会，往往也因为经费不足的原因而无法参加，导致机会逝去，多种原因造成了教师转型的积极性不断降低。

除了缺乏国家对教师培训的资助之外，政府提供的资金资助也较少。很多院校在实践教学条件上存在着条件较为简陋的情况。很多教学软件还是多年前的教学模板，无法得到及时更新，实验设备更是老化严重，教学资源严重不足，学生学到的新知识、新内容无法与实际操作相结合，浪费了学生学习时间的同时，还浪费了教师的精力。此外，地方普通本科院校在向应用技术型大学转型发展的过程中，会聘请一些来自企业的实践经验较为丰富的高级技术人才到校进行实践培训，但是由于学校经费的投入不足，这些外聘人才难以得到较高的酬劳，也无法持续在学校任教，造成人才流失。学校教育经费的不足深深影响着学校“双师型”教师培训的发展途径，对“双师型”教师的培养以及学校高质量学生的培养带来了一定的弊端。

4.3.3 学校支持力度不足

4.3.3.1 学校层面缺乏相关的制度保障

由于学校自身的重视程度不够，导致“双师型”教师队伍建设中出现了众多问题，一个学校对于建设“双师型”教师队伍是否进行了具体的规划、是否能够真正执行此类规划、能否对规划执行的效果进行有效的评估等都极大地影响着“双师型”教师队伍的数量和质量。

首先，虽然在地方普通本科院校转变为应用技术型大学的过程中出现了大量的“双师型”教师，但是对于“双师型”教师这一概念的内涵还没有国家统一的标准，对“双师型”教师资格相关认证制度也没有进行完善，致使对“双师型”教师的理解出现了“双证”“双能力”“双职称”等片面说法。其次，一些地方普通本科院校向应用技术型大学转型过程中，并没有制定关于“双师型”教师培训的相关制度，也没有提供相关的激励政策。在地方高校转型过程中，“双师型”教师队伍的成功转型需要借助各种福利待遇及评奖评优等激励政策，为“双师”教师提供激励政策方面的支持，这样教师才能有饱满的热情及动力向“双师型”教师转型，提高师资队伍质量，从而更好地达成地方普通高校转型为应用技术型大学的目标。但是，在高校“双师型”教师队伍建设过程中，高校并未出台与“双师型”教师相关的各种福利政策，在职称评定、福利待遇方面也没有向“双师型”教师倾斜。在培训过程中对“双师型”教师培训未给予一定的力量支持，从而导致学校里的教师对于学校安排的培训不感兴趣，关注度较低。在进行考核时，大部分新建的本科院校对教师都沿用了普通高校的激励和评价机制，对于“双师型”教师培训方面没有任何利益上的支持，和普通高校的激励机制基本一样，很难提起教师对于培训方面的兴趣。

4.3.3.2 教师队伍分类管理层次不够

因为每一个教师所学专业和涉及的学科性质不同，教师自身专业的特性和自身经历也有很大的差异，这就使学校对于教师进行分类管理精细化变得非常重要。很多新建的地方普通本科院校将应用技术型高校树立为转型目标，在转型的过程中以高等教育分类理论为指导，将教师进行分类管理。现有的教师职务聘任、培训、薪酬分配、职称聘任等制度都和分类管理不相融合，因此高校必须需要进行创新和改革，对分类管理由一系列的配套制度进行保障，才能最有效地建立教师分类管理的体系，从而实现教师队伍的分类管理和分类评价。

首先，要从建立多元化的教师准入制度开始。第一种划分是按照职称评定体系把教师分为教师型、科研型、教学与科研型并重型；第二种划分是按教师的实践程度将教师划分为理论型、实践型和“双师型”。如果一个学校没有实行严格的教师分类管理制度，未将公共课和纯理论课程讲授的教师划分为纯理论型教师，未将应用型专业的教师划分为“双师型”教师，必然会带来无法进行分类管理的弊端，从而导致教师队伍转型无法做到顺畅自如。

一些新建的地方普通本科院校应将教师明确分为不同类型的教师，不同类型的教师有不同的岗位要求和任职的资格：“理论型教师”对于教师专业知识的掌握、理论体系能力等方面要求较高，能对公共课程知识和侧重理论知识进行传授；“实践型教师”要求教师要具有一定的实践动手能力，能给学生进行实验课、实训课的详细指导；“双师型”教师则需要教师对于理论和实践方面都兼而有之。此外，很多新建的地方本科院校和学术型高校的教师招聘标准如出一辙，对于教师的高校硕士学位非常看重，导致目前教师队伍中大部分教师以理论型为主。为了更好地进行分类管理，要对教师分类结构进行调整，学校可以减少理论型教师资源的引进，主要引进签订协议的行业、企业技术技能的人才；高校毕业的硕士进入学校后，引导他们向“双师型”教师方面发展，可以让他们上讲台授课前先到对口的行业或企业进行锻炼，这样经过一年的培养，这些教师既拥有一定的理论基础，也掌握了一定的实践能力。对于“纯理论型”的教师可以只引进知名的教授或者学术专家，将教师编制留出来去更好地引进具有丰富行业经验的教师。

4.3.4 “双师型”教师自身专业发展意识淡薄

许多新建的地方高校在向应用技术型大学转型的过程中，招收了大量的硕士、博士研究生。然而，这些教师都是刚毕业的大学生，缺乏实践能力和企业经验。除了这些新聘的教师，还有许多教师由于年龄较大或学历低等情况，在向“双师型”教师转型上存在一定的难度。在这些困难的影响下，很多教师就出现了抵触心理，出现了懒于向“双师型”教师转型的观念。

首先，部分教师认为在教学方式和教学内容上存在着转型困难的问题。在学校没有转型之前，所有的教学模式都跟传统大学一样，教师只需要进行每节课50分钟的理论授课，而转型之后，教师需要掌握一定的应用技术，单一的理论教学已经无法适应学校对于教师的需要，教师需要对学生的实习实训进行指导，要面对学生进行亲身示范，这些条件提高了学校对于教师能力的要求，所以有些教师会对转型持有不满的情绪。此外，教师对于转型这个事情没有充分的思想准备，对于“双师型”教师持有可转可不转的观念。还有的教师觉得自己年龄太大，无法接受向“双师型”教师转型带来的挑战。甚至还有一些教师认为自己根本不适合“双师型”机制，如果学校强制转型，那么自己只能选择离职。

虽然这些教师的观念与学校没有给予良好的激励制度有关，但是教师自身的主观意识是阻碍教师向“双师型”教师转变的核心因素。在学校的激励下，教师只有树立正确的观念，才能更好地转化为“双师型”教师，提高自身的专业发展水平。

参 考 文 献

[1] 楼世洲. 高职院校师资队伍建设的现状分析与对策思考 [J]. 中国职业技术教育，2003

(20)：29～31.
[2]《教育部办公厅关于加强高等职业高专院校师资队伍建设意见》教高厅〔2002〕5号文.
[3] 罗莉. 湖北省职业院校双师型教师队伍建设策略研究［D］. 武汉：湖北工业大学，2010.
[4] 教育部. 高职高专教育教学工作优秀学校评价体系.
[5] 教育部等四部门关于印发《深化新时代职业教育“双师型”教师队伍建设改革实施方案》的通知. 2019-10-18.

5 国外高职院校教师队伍建设的经验与特点

当前，我国的“双师型”教师队伍建设还不够成熟。与我国情况不同，一些发达国家的高职院校教师队伍经历了长期的改革和发展已经变得相当成熟。本章首先依次介绍美国、德国、澳大利亚和新加坡的职业教育教师培养模式，进而总结其共同特点，供我国“双师型”教师队伍建设借鉴。

5.1 国外高职院校职业教师师资培养模式

5.1.1 美国职业教育师资培养模式

作为国际上重要的发达国家，美国的职业教育发展较为成熟，在师资培养模式上积累了大量的经验。1917 年颁布的《史密斯 · 休斯法案》（Smith-Hughes Act）标志着美国职教师资的培养开始走向制度正规化。从 20 世纪 20 年代至今，美国联邦政府颁布了一系列法案，20 世纪 80 年代以来，美国开展了一系列教育标准化运动，各州政府也不断细化和完善针对职教教师的基本标准与要求。2015 年 3 月，美国国家专业教学标准委员会制定并颁布了最新一版职业教育教师标准，即《国家专业教学标准委员会生涯与技术教育专业标准：面向 11 ~ 18 岁以上学生的教师（第二版）》，文件从内容与知识、环境与实践、设计与管理、合作与领导等 10 多个方面提出了对优秀职教教师的要求，同时也为职教教师的培养、培训和发展提供了一定的参考标准。

在美国，高等职业教育以社区学院为主。社区学院以社区为基础，通过多种形式为社区里不同年龄阶段、从事不同职业的居民提供教育和培训服务，例如远程教学、短期培训班、培训企业职员等。在美国，人们普遍认为社区学院是最成功的高等职业教育模式之一，将其称赞为“人民学院”。美国的社区学院总共有 1171 所，其中有 992 所公立社区学院，社区学院总量占全美大学的 1/3。在社区学院的管理工作方面，各州和地方政府承担主要责任，联邦政府对其没有统一管辖权限，但是，联邦、州和地方三级政府为社区学院提供办学费用，它们的拨款比例分别为 10%、50% 和 20% 左右。

在美国的社区学院中，教师的任职资格之一是具有教师资格证书，证书不是由联邦政府颁发，而是由州教育主管部门颁发。职业教育教师资格证有临时证、长期证、紧急证、私立学校证、替代证等，取得各类证书均需参加教师资格证相关考试。美国职业教师资格证不是终身制的，需要不断更新与升级，这种定期更新和认证制度保证了教师必须持续参加培训，树立终身学习理念。

在美国的社区学院，职教教师主要包括专职教师和兼职教师两种，其中，兼职教师占教师总数的60%。社区学院比普通高校对教师的实践能力和专业技术能力要求更高。社区学院的专职教师必须具有相当硕士学位的学力，也就是说，在本科毕业之后，需要学习一年左右的教育学、心理学和教学法等科目。社区学院要求专职教师必须取得教师资格证书，除此以外，他们还需要对自己教授的技术课程有一年或以上的工作经验，或在相应的职业技术领域有5年以上的实践经验，而且需要具备独立判断、独立研究、担任顾问等多个方面的能力。担任专业课程教学的教师必须具备对口专业的学士学位（如果在相应的职业技术领域有5年以上的实践经验可以代替学士学位），同时拥有3年或以上的实践经验。社区学院的专职教师主要从事教学方面的工作，很少开展研究工作，社区学院对专职教师的评估也主要针对教学，教师每周工作量一般为15小时授课和10小时办公室接待学生。美国社区学院的办学特色之一是采用非传统模式聘请兼职教师，他们不重视此类人群的学位，而是强调工作经验和岗位技能。但是，无学位的教师必须要具备丰富的职业技能和经验，必须参加并通过三项实践类考试以获得教师资格证书。这些条件主要针对社区内的企业家、生产一线的管理人员、工程技术人员等。

在美国，各州负责职教教师资格证书的管理、教师标准的制定与执行权力，而且各州在职教教师培养上各具特色。大部分州职教教师资格都有考试制度，目前有44个州采取普瑞克西斯（Praxis）考试体系。普瑞克西斯考试是由全世界最大的考试中心——美国教育考试服务中心开发的，该系列考试用于初任教师的专业测量，包括Praxis Ⅰ、Praxis Ⅱ、Praxis Ⅲ三部分。Praxis Ⅰ也叫学业能力考试，测试教师候选人的基本学术能力，包括阅读、数学和写作，决定其是否进入教师培养计划，学生一般在进入社区学院或大学学习师范教育前参加此项测试；Praxis Ⅱ也叫科目评估，测试教师候选人的学科专业知识和教学知识，测试结果用来判断该候选人能否进入“新人教师实习计划”，这一项测试通常在师范专业学习的最后阶段或颁发初级教师资格证书之前进行；Praxis Ⅲ也叫课堂表现评估，通过教案、讲课录像、面谈等形式考查申请者的实际课堂教学技能水平，包括是否具有教学组织能力、是否能为学生创造学习环境、是否能满足学生对学科知识的需求、是否有责任心，这一项测试通常在第一学年教学工作结束之后进行，测试成绩决定申请人能否长期从事教学工作。从以上三部分考试内容来看，普瑞克西斯考查的重点是申请者的实际操作能力[1]。

在美国，社区学院的教师招聘工作非常严格。招聘广告必须全面公开，申请者必须经历公示、面试、考察、报告、面谈、参观等一系列程序，最后结果需要招聘委员会投票来决定。社区学院一般不从自己学校的毕业生中选择人才，这样做的目的是防止“近亲繁殖”[2]。

美国的职业教师课程培养体系非常重视职前教师培训。职前教师不仅通过接受专业训练获得某一领域的专门技能，而且还要学习各方面的知识，包括理论知识与实践操作的关系、职教领域间的关系、职业技术训练与普通教育课程的关系、职业技术教育总论、职业技术教育实习等内容。那些以所从事专业的岗位经验作为资历的各行业、领域的教师必须通过岗前培养项目接受专门的师范教育。

对于新任教师的培训，美国国家层面出台的有《职业教育新教师专业发展计划》。该计划指出，新任教师培训工作主要包括时间管理、组织能力、自信心的建立、自我认知、对教学持有的积极态度、工作与生活的协调等方面的内容。一般情况下，由教师教育培养机构、州教育部门、职业技术专业组织、学区合作学校伙伴共同合作完成新任教师的培训工作。职教新教师的专业发展计划包括一系列内容：通过导师制为新教师提供同事教练式的支持与指导；通过专题研习班研习新教师入职面临的各种问题，包括课堂管理、教学评估、与家长沟通等；培训基地的行政人员和学校骨干教师根据每个新教师的特殊需求为其设计个性化的培训计划和指导；新教师手册学习、教师评价等具体的实施策略[3]。

对于在职教师的培养，美国职业院校也出台了一系列措施不断提高职教教师解决问题、团队合作、批判性思考等能力。第一，通过学校与企业的合作，职教教师可以直接进入企业实习，客观直接地了解企业的实际情况和变化；第二，通过学校与企业的合作项目，职教教师能够直接加入企业的生产经营活动之中，从真正意义上实现教学理论与实践相结合；第三，他们可以参加学习班或研讨会，与其他职教教师相互学习、交流经验、分享信息，促进彼此共同进步；第四，他们可以到专业发展学校接受相关培训；第五，他们可以接受教育信息技术培训，把最新技术和软件应用到教学中，进而提高教学质量；第六，他们可以接受自主性、决策和职场知识等方面的培训；第七，他们可以通过网络课程提升自身的专业知识水平；第八，职教教师需要与校内外各行各业的人员积极开展合作，建立良好的伙伴关系。

此外，美国的社区学院每年都要对在职教师进行全方位的考核。考核内容涵盖教学、科研和服务三个方面，社区学院根据考核结果对教师进行动态评价，鼓励教师在这三方面提高自身的贡献力。总之，职业教育教师必须通过继续教育进行终身学习，通过反思、总结、合作、学习等途径努力提高教学质量。在职称评审方面，美国的学校有比较大的自主权，而且相关标准和评审程序相当严格：副教授和教授需要具有博士学位，首先由个人提出申请，然后由国内外同行专家进行评审，再由评审委员会投票，最后学术委员会讨论决定结果，有些社区学院还要报州教育系统主管审批。各职称在数量上没有指标的限制，达到标准就可以评上，但是学校是否聘用则是另外一回事。而且美国的大学教师都必须参加定期的考核，即使是终身教授也要接受每三到五年一次的考核，一切都重新评审，不通过的话会受到相关警告，再次不通过就有面临解雇的可能[2]。

5.1.2 德国高等职业教育“双元制”

德国高等职业教育的“双元制”形成于19～20世纪。“双元制”，即学校的理论与企业的实践双元紧密结合的体制。在此职业教育体制中，教学的目标就是满足企业需求，因此，学生在离开学校之前必须具备独立操作的能力。这就决定了学校和企业需要分工协作，理论和实践需要紧密结合。德国的“双元制”享誉世界，其成功离不开对职教教师的重视和培养。德国高等职业院校对职教教师有严格的准入、培训和考核制度。进门难、要求严、待遇高是其主要特点。也正是因为这样，德国才建立了一支学历高、知识丰富、能力素质高并且德才兼备的教师队伍。德国已经形成了一套完整的职业教育法律系统，通过法律要求职业学校教师和企业教师必须参加职前教育、入职后继续教育和专业发展培训（见《联邦职业教育法》《企业基本法》《职业教育促进法》《培训员资格条例》《实训教师资格条例》等）。

德国高等职业院校有严格的教师准入制度。德国自2005年以后通过了《职业训练法》《联邦职业教育保障法》《职业学校教师从业资格条例》等一系列职业教育法案，它们对职教教师入职标准进行相应的规定。要想成为一名真正的职校教师一般要历经岗前国家考试、职业培训、见习、二次考试、上岗颁证等程序，还要再经过3～5年的不断培训和考核才能全部完成。在德国的职业院校里，教授专业理论课和普通文化课的教师统称为理论教师。一般情况下，理论课老师必须在综合大学学习4～5年，同时选修两门专业课，学习的内容主要包括职业技术学专业、普通文化课程、社会科学、专业教育理论和教学实践课程。学生在大学毕业之后必须参加职业学校的第一次国家考试，该考试由大学教授建议、州教育部批准。考试共包括第一专业、第二专业和教育学等三个模块的单独考试、学术论文以及口试。只有成功通过了第一次国家考试，学生才具有实训教师培训的报名资格，然后再进入各州所设的教育学院接受两年半的教师教育，即预备实习，学习的课程主要是教育学、心理学、教育管理学、专业教学法等教育理论方面的知识。每个人需要选择两个教学科目，并且到提供这两个科目的相关培训学校挂职实习。在实习结束之后，他们才有资格参加第二次国家考试。第二次国家考试主要考查大学学习成绩、笔试、课程论文、第一专业和第二专业试讲、专题座谈五部分内容。考试通过可以获得职业院校教师资格。要想获得培训师资格，还需要继续工作3～5年，然后参加“师傅考试”或“培训师资教育”并获取相应的证书[4]。根据德国《职业教育法》和《实训教师资格条例》的相关规定，实训教师必须是“双元制”职业学校毕业生或受过与所申请的任教学科相同的职业教育，年满 24 岁且在企业的职业实践工作满 5 年，在师傅学校或技术学校学习至少 3 年，参加过系统的职业教育学课程培训，经过一年半的学校实践，参加行业协会组织的 120 学时教育学方面的培训，并通过相应专业的国家考试[5]。在德国的高职院校，实训教师大约占教师总数的 70%。培训教师的培养隶属于继续教育，培训机构比较宽泛，包括公立学校、私立学校、行业协会和工会等。

德国高职院校的教师招聘程序非常严谨，而且公开、透明。教师招聘具有程序性，一般有 5 个步骤：公开招聘广告，成立聘任委员会，面试和试讲并审核确定三个候选人上报学术委员会和专业委员会，专业委员会、学术委员会认可并报州文化部长，州文化部长确定人选。

德国相关部门对欲从事职校教师这一工作的人员制定了充分体现职校特色的、严格的岗前培训和考核方法，培训强调专业教学与企业需求的完美结合。在德国高职院校的专任教师中，有一半以上具有博士学位，通过专业师范培训的教师需要拥有 3~5 年的实践工作经验，不具备该条件者则需要具有至少 8 年以上的相应行业工作经验。德国高职院校教师大都具备工程师和教师两个职称。

17 世纪到 18 世纪末，德国的职业教育师资培养主要采取师傅带徒弟的培养模式，19 世纪开始实现教师教育制度化。目前，德国对职校教师的职后培训有国家层面的法律支持和保障。根据《联邦职业教育法》和《教师培养法》的相关规定，无论是实训教师还是职教教师都有权利和义务带薪参加各种形式的继续教育。德国职教教师在职培训包括州级、地区级和学校级分级分类培训，覆盖面非常广，组织性也非常强。德国联邦州都有专门负责教师培训的政府部门，他们组织全州集中教师培训，既重视教学和方法论，又重视教师到企业的实践。地区一级的教师培训根据地区特点制定课程目录，每个培训点和教学点均有不同的培训课程。学校根据州进修内容和教师实际需要，按专业编制进修内容、形式和方法、选择培训教材、组织考试。

德国职业学校的教师平均每年培训 5 天，每隔 5 年必须到企业实习至少 2 个星期。德国的职业学校在教师任教的 30 年内每两年对教师考核一次，考核通过可以晋升一级，未达标者必须继续进修。德国高等职业院校的教师队伍主要由教授、其他专职人员和兼职教师组成。教授是中坚力量，占专职教师总数的 60%。原则上教授需要具有博士学位，并且有较高的教学能力和学术能力，有 5 年以上的工作经历，至少在企业或社会担任过 3 年领导工作。讲师原则上要有大学学历、博士学位、5 年以上工作经历、在和专业相关的企业有一年半以上的工作经历、有一定教学经历。兼职教师在德国高等职业院校占 60%~80%。德国联邦政府赋予各州教师教育管理与发展自主权，州政府可以独立开展教师培训管理与评价工作，但不允许采取强制性行政手段干预评价事务。职业教育教师培训效果评价主体既包括评价的管理者（如州政府及下属机构）、评价对象（职业教育教师与培训机构），更注重其他利益相关者（职业院校、行业企业、高校、第三方评价机构等）在评价中发挥决策、咨询、执行与创新功能。德国职业教育教师培训效果评价由州政府委托第三方机构——学校发展研究所负责组织实施。学校发展研究所从职业院校、高校、企业遴选具有专业资质及评价经验的资深教师与培训师、科研及管理人员组成评价专家库。对专家的遴选充分考虑性别平等与评价主体比例平衡，并以5年为周期对专家库成员资质进行审核。除此之外，学校发展研究所聘请评估领域专家作为“第三方督导”纳入评价核心团队，在评价过程中对评价本身的合理性与科学性进行“元评估”。这种吸纳多元主体开展评价工作并督导评价的做法有助于持续改进评价质量、提升评价效率[6]。

除了周密的职教教师培训体系外，德国政府和各联邦州都给予高职院校雄厚的财政支持。德国教师的工资是人均国民收入的2倍多，高职院校的教师比普通高校同级教师要高出15%，且每两年提升一次，顺序增加15次。德国的职教教师薪酬实行按职级工资制，即行政级别加职务档次的结构工资制度。工资共有16级，理论课教师属于高级公务员，工资起点为13级；实践课教师属于中级公务员，工资起点为9级。州政府负责普通教职工的工资，地方政府负责职业院校管理人员的工资。在德国，根据各州的公务员法，成为真正的教师即成为国家公务员，不存在失业的风险，与教育官员享有同等的社会地位，而且享有免交劳动保险费等权利。在德国，职教教师较高的工资收入和社会地位有力地保证了教师队伍的质量和稳定性[4]。

5.1.3 澳大利亚 TAFE 职业教育师资培养

澳大利亚具有完整的职业教育体系，其职业教育的主要力量是技术与继续教育（Technical and Further Education，TAFE）。经过一个世纪的探索、发展与完善，TAFE 已成为备受世界关注的一种职业教育典范，风靡大洋洲、欧洲和东南亚。澳大利亚 TAFE 学院是公立职业学院，目前有100所，拥有一支由永久性教师和临时性教师构成的相对稳定的教师队伍，为其人才培养和教学科研活动的开展作出了突出的贡献。澳大利亚 TAFE 职业教育的成功离不开其高质量、全方位的职教教师培养体系。在澳大利亚，从联邦政府到职业院校都有完善的教师培训、管理和激励机制。

20世纪90年代，澳大利亚联邦政府成立了国家培训总局，负责全国的职业教育和培训体系的建构。目前，澳大利亚已经建立了较为完整的国家培训框架体系。该框架体系中的培训包由11个行业开发而成，是 TAFE 学院开展相关职业教育与培训的指南。每个培训包都分为国家认证和非国家认证两个部分，其中，国家认证部分主要涵盖了能力标准、资格证书、评估指南等3个方面的内容，非国家认证部分包含学习方法指导、评估资料、职业发展资料等方面的内容。澳大利亚政府对职教教师培训非常重视，各个州均设有教育培训部，高职院校必须严格按照国家培训框架体系标准将师资队伍建设落到实处，否则国家将取消拨款，甚至取消学校的办学资格。

澳大利亚的 TAFE 学院强调教师的能力本位，所以招聘的对象一般不面向应届毕业生，而是更重视理论知识和实践经验丰富的应聘人员。TAFE 学院的专业教师不仅要具有大学本科以上学历（近年来新进教师逐步要求有硕士学位），还要经过一定的师范训练，具有 3 ~5 年的专业教学经验或者在相关行业的工作经验。年龄超过 35 岁的教师必须具备教师资格证书和十几年的工作经验。除此以外，他们还要经过教育学院的师资培训，取得澳大利亚资格框架体系的培训与鉴定（TAA）培训包中的四级教师资格证书（或教育学士学位）才能上岗[7]。在澳大利亚的 TAFE 学院，兼职教师占教师总数的 2/3 以上，来自各行业的大量兼职教师已经成为 TAFE 学院师资队伍的重要特征。兼职教师大多是各行业、企业里的精英，具有扎实的专业知识和丰富的实践经验，能够真正做到理论和实际相结合，帮助学生学以致用。兼职教师一般与 TAFE 学院签订工作合同上岗，所签订的一般是短期合同，但在合同规定时间兼职教师必须全天在学校工作。TAFE 学院要求兼职教师具有 3 年以上的专业工作实践经验、相应的专业技术资格、较高的实践操作水平。为了获得培训包中的四级资格证书，兼职教师在 TAFE 学院工作的同时还需要到大学教育学院接受师范教育，时间为 1 ~2 年。在获得证书前，必须由已获得四级资格证书的教师监控其教学活动。兼职教师的加入使得澳大利亚职教教师队伍灵活多样，有利于职业教育的发展。

澳大利亚 TAFE 学院招聘教师主要由各 TAFE 学院的人力资源部负责。首先，人力资源部发布招聘广告，主要渠道是当地的《学校教育报》。人力资源部负责对应聘者资格进行审查，包括学习、工作经历、行业经验、教师资格、个人信用等，确定面试对象。面试小组由 TAFE 学院领导和人力资源部门相关人员、企业和相关协会等组织的三方代表组成。另外，委员会中保证至少有一位女性，以避免出现性别歧视。面试是对应聘者的一种全方位的测试过程。面试时，选聘委员会首先向面试者介绍学院概况及招聘基本流程、要求，随后测试面试者的沟通表达能力、实践技能、文化知识及品德素养。确定最终的录取名单之后，应聘委员会还需要对录取人员进行考察，主要通过与应聘者推荐的“证明人”进行访谈，间接了解应聘者的基本情况。最后，选聘委员会到警察局了解应聘者有无犯罪记录。如果没有，选聘委员会就将录取名单提交给当地的教育部门，然后由教育部门向录取者发放录取通知。澳大利亚一般在每年的 12 月发放录用通知书，这样应聘者就可以在圣诞节后上班。录取后应聘者与 TAFE 学院签订工作合同，合同中明确了其工作岗位、工作时间、权利、义务、待遇等，教师被正式录用前要经过一年的试用期[8]。

在澳大利亚，从联邦政府到 TAFE 学院都有完善的师资培养计划、管理制度、竞争机制、激励机制和约束机制。澳大利亚对新教师的培训非常全面、实用，而且灵活性大。澳大利亚政府对新教师培训有两种形式：一是到大学教育学院进修必要的教育学、教育心理学等专业课程知识，二是到劳动部门设立的培训员培训中心参加培训。培训员培训中心的培训指南是创新与商业行业技能委员会开发的培训包。培训包一共包含 8 个能力模块和 55 个能力单元，能力模块包括教学环境协调、教学设计能力、课堂授课与促进学习能力、考试（或鉴定）、培训咨询服务能力、管理与质量服务能力、语言和数理表达能力、其他通用能力等。每位教师需要修完 12 个必修能力单元和 2 个选修能力单元才能获得四级证书（见表 5-1）。新教师能否获得培训包课程证书已经成为达到从业要求的重要指标。

表 5-1　澳大利亚培训包课程四级证书培训能力[9]

必修能力单元		选修能力单元	
教学环境	能够有效工作； 能够营造宽容的学习氛围； 能够创造安全的学习场地	课堂讲授情况	具备实际操作能力； 能够进行远程教学
教学设计	能够设计实施方案； 能够设计授课计划及教案	学习环境	具备高度的创新能力
课堂讲授	能够在班级授课；能够组织现场教学； 能够促进个人进步	培训咨询及服务	能够为教学提供有建设性的意见
技能鉴定	能够独立组织鉴定； 能够评价学生掌握的技能； 能够独立设计鉴定工具； 能够参与鉴定效度的确认	语言表达和数理表达	具备清晰的表达能力

TAFE 学院一般利用 1 年的时间对新任教师进行上岗培训，从而帮助他们学习新技术、教学方法，并解决实际问题。培训内容主要包括校外活动、书面材料、校内活动和其他活动等四个部分。TAFE 学院一般给新教师减少 10% 左右的常规工作量，安排他们观摩本学院或其他学校教师的课，并参加各种教研活动。此外，新教师还可以自愿选择一个导师，或由学院安排导师为其答疑解惑[10]。

TAFE 学院在职教师进修方式主要有专业发展项目和培训课程。专业发展项目主要根据澳大利亚国家资格框架和培训包对 TAFE 教师的相关要求策划，活动方式多样，但都有明确的专业发展目标。课程培训主要根据 TAE10 培训包制定，包括5级文凭（AQF5）课程、副学士学位（AQF6）和学士学位（AQF7）课程、研究生证书和文凭（AQF8），这些课程培训帮助教师寻求技能和资格的提升[11]。此外，澳大利亚政府、相关部门和TAFE学院还为教师提供多种形式的发展途径，例如建立教师成长档案记录教师专业发展的整个过程等。澳大利亚政府和TAFE学院均要求在职教师定期去企业实习，参加企业培训以及各种新知识、新技术培训，从而掌握市场信息和需求。一般情况下，每位职教教师每年享有2周带薪到企业进行进修的时间。在职教师还需要成为相关行业的委员会会员，定期参加他们组织的各种类型的活动，从而不断更新信息、学习新知识和技术方法。根据各TAFE学院的相关制度，教师必须到企业锻炼，因此，在职教师培训和企业实践密切结合是澳大利亚职教教师培训的一大特色。有的TAFE学院还将企业实践成绩与薪资待遇挂钩，鼓励教师回归企业，促进自身专业发展。

澳大利亚对职教教师实行市场化管理，采用聘任制，终身雇佣制教师越来越少，合同制和临时性教师越来越多。TAFE学院有一系列教师评估体系，通过对教师的工作能力、教学技能、对学校政策的理解和贯彻实施等不同方面进行评价决定奖惩、聘用和辞退。TAFE各学院对教师采用公开平等的考核制度，学生是考评的主体，学院每隔一段时间制定调查问卷，搜集信息，解决教学问题。学生也可以直接与教师交流，对教师提出意见或建议。学院还通过专家及院系考评教师、企业考评教师、教师自评，对优秀教师进行奖励，对问题严重的教师进行通报批评。公开的考核方式促进了教师改进教学方式，提高了职业教育教师的教学质量[9]。

在澳大利亚，教师有每年固定的加薪和完善的升职制度，有较好的薪酬和社会地位。教师属于州或领地一级的公职人员，他们的收入处于中等偏上水平，这些都保证了澳大利亚高职院校教师队伍的稳定。

5.1.4　新加坡职业教育师资培养模式

新加坡职业教育广泛采用教学工厂模式，虽然起步于20世纪60年代，但是该模式已经发展成为当今世界被普遍推崇的职业教育典范。目前，新加坡共有5所职业技术学院（即理工学院，相当于我国的高职学院），分别是南洋理工学院、新加坡理工学院、义安理工学院、淡马锡理工学院、共和理工学院。新加坡借鉴德国的“双元制”，并结合本国国情，创建了独特的“教学工厂”办学模式和教师工作“无界化管理”理念。新加坡的教学工厂是指学校按照工厂的模式办学，学校和企业携手在校区内建立技术先进、设备完善的生产车间，不断引进企业生产项目和研发项目，把教学和生产、理论和实践有机地结合在一起，使学生真正做到“做中学”。新加坡职业技术学院的毕业生毕业时就可以独立承担设计、生产等任务，因此，毕业就可以直接上岗。在新加坡的政府财政支出中，教育经费支出排第二位，人均教育经费高达1400新元。新加坡政府对职业技术教育的高投入体现了国家对教育的高度重视，保证了新加坡职业技术教育尤其是师资队伍建设的快速、高质和高水平发展。

新加坡职业院校招聘教师对学历要求并不高，只要求是本科或者以上学历，但是对专业课教师的实践经验要求十分严格。新加坡职业院校明确要求，专业教师应该至少有5年以上的企业工作经历，它们尤其重视应聘者的企业背景、实践经历、工作业绩、技术开发能力和创新能力。新加坡职业院校的教师来自各行各业，他们中有很多人都曾经是企业的骨干或领导。在新加坡，如果大学毕业后没有在企业进行实践锻炼的经历或者业绩，是很难被职业院校聘用的。新加坡职业院校有数量众多的兼职教师，选聘时主要考虑他们的企业背景、时间精力、技术掌握与项目开发能力，而对其学历要求稍低。新加坡职业院校教师招聘有严格的标准和程序，首先根据应聘者的企业经验、职业技能、人格和形象、沟通表达能力、健康情况等进行筛选，然后参加至少3次非正式和正式面试才能确定是否被录用。非正式面试由院系主管教师、系主任和项目经理等组织开展，通过非正式面试的应聘者需要参加学校人力资源部门组织的正式面试。在招聘中对应聘者的品德与能力要求较高，当两者不能同时满足要求时，倾向选择品德优秀而能力稍弱的应聘者，他们认为品德的好坏决定了其工作态度，而能力的强弱只是暂时影响其工作贡献的大小，通过后续的培训能力还可以得到有效提升[12]。新加坡职业院校对新教师实行三轮聘制度，录用者第一轮聘期为2年；如果2年聘期考核合格，教师可进入第二轮3年的聘期；如果3年聘期考核合格，教师可申请更新合同进入另外3年的聘期，表现特别卓越的教师可获得终生聘用，不适合教师岗位工作的教师只能得到1年的过渡性聘期，到期离开教师岗位[13]。新加坡的职业院校重视培养高水平的精英人才，它们普遍制定了在全球范围内招聘高技能教师的国际化招聘政策，高薪引进国外人才，帮助其实现人才培养目标。

新加坡政府非常关注各个层次教师的专业能力培养，政府有专门制度规定每一年都必须对教师在职培训和继续教育做专门预算。新加坡政府制定了专业脱产发展计划（Professional Development Leave，PDL）和《工资与职业展望计划》，帮助推动教师专业能力发展。

新加坡各高职院校十分重视教师培训和发展，实行教师提升制度化，要求教师通过终身学习实现“无货架寿命”，即教师的业务水准总是保持与企业一线工程师同步，掌握的专业知识和技能永远是最新的，绝对没有过期。新加坡各理工学院提倡师资培训终身化，它们不设教师培训进修的年龄限制，而看重教师主动深造进修的上进心，一般都给予学习培训的机会。新加坡南洋理工大学的国立教育学院承担着全国师资培训任务，除此以外，还有形式多样的培训渠道和方式，比如新技术培训、到企业做兼职、学历深造等。为了充分落实无货架寿命理念，教育主管部门要求每人每年必须保证100培训课时，内容由教师自己选择。学校每年给教师提供至少21天的时间参加各种教学业务培训，每年有20%的教师到国内外高校、企业或研究所等接受培训，专业课教师每隔2～3年就必须到企业接受培训，更新知识、理念和技术，培训时间一般为半年到一年。新加坡职业院校根据需要随时送专业教师到相关企业挂职锻炼，根据需要随时送专业教师到校方设置的项目部进行项目开发。此外，新加坡高职院校教师队伍建设的一大亮点是注重教师科研能力的培养。高职院校鼓励教师进行企业项目、政府课题等科技项目的研制和开发。还有许多企业在学校内部直接设置研发部门，几乎所有的教师都主持或参与科研项目，师生和企业工程师一起合作，开展新产品的开发和设计等活动，保持和支撑了教师队伍的高技术、高技能与高水平，从而提高了高职教师的整体专业素质。新加坡高职院校教师培养另一大亮点是与国际接轨。各高职院校不仅鼓励教师参与国际化的会议、培训和学习，到海外讲课、学习或者去海外企业做兼职，并通过与国外大学联合开发项目、联合办学等方式，为教师创造在海外学习的机会和平台，让教师及时了解国际上最新的科学技术和职业教育发展趋势，使教师的专业能力和整体师资水平始终与国际前沿水平同步[14]。

除了教师个人发展以外，新加坡各高职院校重视团队精神，打造出了具有高度向心力的“双师型”师资队伍。南洋理工学院倡导的“无界化”理念就是团队协作精神的具体体现。“无界化”倡导传统的系与系、专业与专业、学校与企业间打破边界，实现无障碍、无界化合作，充分利用集体智慧共同完成研发项目，教师与企业人员互相沟通合作，积累和分享经验，对培养教师的专业技能、沟通能力和团队合作能力都有极大作用。

新加坡对教师的评价和考核有自己的特点。以南洋理工学院为例，教师被分为讲师、工程师两个大类和五个等级。学院每年都对教师进行年终考核，考核结果决定教师能否继续晋升。教师考核内容包括教师自身能力（如教学能力、班级管理能力、指导学生能力等）以及协作能力（如联系企业合作能力、参与项目合作能力等）。教师晋升综合同行评价和部门负责人评价结果，先由系主任同意，再报院长批准。学校不公开教师评估和考核结果，它们会对评估结果较差的员工进行谈话和辅导[15]。

5.2　国外高职院校教师队伍建设的特点

在我国，无论是高等职业院校还是普通地方本科院校，“双师型”教师队伍才刚刚起步，而美国、德国、澳大利亚和新加坡等发达国家已经建立了较为成熟的高职教师培养模式，它们在教师准入制度、专兼职教师比例、师资培养体制机制和师资培训体系等方面都有相当多的经验供我们参考和借鉴。

5.2.1 强调教师任职资格

美国、德国、澳大利亚和新加坡等国对高职教师的具体任职资格存在许多差异，但也有众多共同之处。

第一，国家层面都出台了一系列制度和法令明确了教师准入标准，如美国的《史密斯·休斯法》《乔治·里德法》《国防教育法》《职业教育法》《职业训练协作法》《卡尔·D·波金斯职业教育法案》等，德国的《职业教育促进法》《职业训练法》《职业教育法》《职教师资培训统一规范》《联邦职业教育保障法》等，澳大利亚的《职业资格框架（AQF）》《职业培训质量框架（AQTF）》《职业培训机构认证框架（RTO）》和《培训包》等，新加坡的专业脱产发展计划（Professional Development Leave，PDL）和《工资与职业展望计划》等。

第二，四国的高职院校对教师的学历、实践经历等都有明确、具体的标准和要求。新加坡对学历要求最低，具有本科或以上学历即可；美国、澳大利亚一般要求专职教师具有硕士或相当硕士学位；德国的专职教师则必须获得博士学位。在技术能力和实践经历方面，美国要求其"双师型"教师具有3~5年的相关行业工作经验，而且强调最新经验；德国和新加坡要求专职教师至少有5年的企业专业实践经历；澳大利亚TAFE学院的专职教师必须具有3~5年的专业教学经验或相关行业工作经验，年满35岁以上的教师必须具有十几年的工作经验。综合以上要求可以发现，发达国家对专职教师都要求有较长时间的实践工作经历，对实践经历丰富的兼职教师都相应放低学历和证书方面的标准及要求，但是，任何教师都必须学习相关的教育学、心理学、教学法等内容才能达到高等职业院校教师的基本要求。

第三，四国均强调教师职业资格证书。在国际职业教育领域，教师必须获得教师资格证书才能上岗。美国的教师资格证书种类繁多，但是，社区学院的教师无论是获取临时证、长期证、紧急证，还是替代证都必须参加各州规定的教师证相关考试；在德国，所有教育层次的教师都必须首先获得教师资格证书；澳大利亚要求高职教师必须取得资格框架体系的培训与鉴定（TAA）培训包中的四级教师资格证书或以上。

第四，除教师资格证书外，为了保持和提高教师的职业素养，四国都要求其高职院校的教师获得相关行业的资格证书或加入相应的行业协会。在德国，高职院校的理论教师、实训教师和实践课教师都需要接受严格的专业资格培训，进修教育学等方面的内容，还要参加理论和实践等方面的考试，例如德国的实践课教师需要取得官方认可的技师证。在澳大利亚，政府建立了统一的、与工作岗位相对应的职业资格证书体系，学业考核将学历证书和职业资格证书合为一体，学校的课程设置与市场需求相适应，便于毕业生更好地适应工作岗位。澳大利亚TAFE学院的教师不仅要获得培训行业的四级证书，而且需要加入相关行业或专业委员会，经常参加专业协会举行的活动，从而帮助他们及时更新知识和技术。基于“无货架寿命”和“无界论”理念，新加坡高职院校每年给教师提供至少21天的时间参加各种教学业务培训，每年派20%左右的教师前往国内外高校、企业或研究所参加培训，专业课教师每隔2～3年就要去企业接受长时间的培训，所有教师都要主持或参与项目研发。

第五，四国对“双师型”教师的道德品质要求很高。高等职业院校的教师必须具有较高的职业道德情操和职业修养以及良好的育人品格。例如，新加坡的高职院校在招聘环节对品德的要求高于能力，这体现了学校对教师职业道德的高度重视。

第六，四国的高职院校教师招聘工作公开化、严格化、程序化。四国职业院校的招聘广告都通过各种途径全面公开，并成立专门的聘任委员会，由来自院系、学校、企业各方的人员组成，从而保证聘任过程的公平、公正。四国的整个招聘过程都较为复杂，应聘人员需要经过重重选拔才能最终被录用。在德国，需要经过聘任委员会、专业委员会、学术委员、州文化部长的认可才能确定人选。此外，四国职业院校都强调应聘者的实践经历，最典型的例子便是澳大利亚的TAFE学院，他们一般不招聘应届毕业生，而是理论知识和实践经验过硬的人士。

5.2.2　专兼职教师比例协调

由于高等职业教育的专业分工比较精细，因此出现了师资数量不足的问题，这是世界各国普遍存在的突出问题。美国、德国、澳大利亚和新加坡等发达国家的高职院校都通过大力引进兼职教师来解决师资短缺的难题。专兼职教师结合是发达国家高等职业教育的特色，他们的兼职教师基本上都是来自各行各业的优秀技术人员或精英人士。兼职教师在很大程度上弥补了师资不足的缺陷，保持了教师队伍的动态平衡，给学校带来了新信息、新知识、新技术。目前，美国、德国、澳大利亚、新加坡等国高职院校都已经建立了优秀的专兼职结合的教师队伍，并且呈现兼职教师居多的趋势。

在发达国家的高等职业院校，教师聘任方式十分灵活，包括联聘、互聘、特聘、兼职等多种聘任形式。高等职业院校的兼职教师一般来源于行业或企业的领导、专家、一线技术人员或管理人员，兼职教师能够把最新信息和技术带入课堂，不断更新课堂内容，更有许多高职院校教师与企业共同研发项目，从而实现学校与企业共赢的理想效果。此外，很多高职院校内部设置有专门的董事会，董事会成员既有学校相关人员又有企业人员。董事会向教师提供资金、技术、管理、课程等各个方面的指导，尤其注重实践教学，董事会安排的实践实训活动占教师工作总量的一半以上。

在美国，伴随着社区学院的发展，能够满足高职院校标准和要求的专职教师短缺，所以，越来越多的社区学院直接从企业和工厂聘请技术人员担任兼职教师，他们开设的课程实践性和应用性较强，能够将课程和生产紧密结合在一起，为社区学院的发展和学生知识技能水平的提高作出了很大贡献。这些兼职教师的工资和福利都比全日制教师低2/3左右，很大程度上节约了财政开支。美国社区学院的兼职教师在每个学期都要与学校签订聘用合同，没有试用期，兼职教师数量也容易调整。所以，美国高等职业教育领域呈现出兼职教师不断增加、专职教师逐渐减少的趋势。德国高等职业院校有庞大的兼职教师队伍，兼职教师占全体教师数量的70%以上，他们一般是企业教师，在企业工作过3~5年的时间，实践经验相当丰富，技术能力高超，非常受德国高等职业院校的欢迎。澳大利亚TAFE学院专职教师中大多数曾是企业经历丰富的兼职教师，这是因为TAFE学院的选聘对象一般面向具有5年以上实践经历专业技术人员。从1990年开始，由于政府财政削减，TAFE学院以聘请兼职教师的方式节约开支，所以出现了兼职教师不断增加的现象。在澳大利亚的TAFE学院，兼职教师达到教师总数的一半以上，他们主要是有3~5年相关专业实践经验的企业或行业技术人员，并具有培训包四级资格证。他们入职后接受1~2年的师范教育取得教师职业资格后，便可以拥有与专业教师相同的专业发展机会。兼职教师不仅要授课，还必须每星期给专职教师做一次学术讲座，向他们介绍企业的人才需求信息、最新技术动态等，讲座水平是兼职教师工作业绩考核的一部分。TAFE学院大量聘请兼职教师弥补了技能课和实训课教师的不足，保证了学校与企业保持紧密联系，维持了学校师资结构的灵活性。TAFE学院还为增强兼职教师归属感，增强其责任心进行了很多探索，保证了整体教师队伍的高素质。新加坡的高职院校有数量众多的兼职教师，选聘时对其学历、资历要求不高，主要考虑其技术掌握与项目开发能力。新加坡的高职院校采取项目合作的方式聘用和管理兼职教师，根据实际情况，以签合同的方式引进或者作为校企合作项目的负责人引进，可以以项目的存续期作为兼职教师的聘期。学校按兼职教师特长灵活安排岗位，可以上讲台讲课，也可以带学生开发项目。TAFE学院的兼职教师上班时间较为灵活，他们一般白天去公司企业上班，晚上在TAFE学院做兼职，指导学生相关的职业技能、辅导他们开发项目等。兼职教师在很大程度上帮助解决了专职教师数量不足、实践教师技能不高、高职院校经费紧张等问题，将最前沿的技术项目带到学校，实现学校与社会的无界化[14]。

5.2.3 师资培养体制机制完善

为了推动高等职业教育和国民经济的发展，美国、德国、澳大利亚、新加坡等发达国家都建立了相对完善的师资培养体系。这些国家通过法律制度来支持和保障高等职业院校的师资培养。从 1917 年美国联邦政府出台《史密斯·休斯法》(Smith Hughes Act)，首次提出资助教师并提供法律保障以来，美国已经颁布了 159 个相关的法律法规，有效保障了职业教育教师队伍的科学发展。美国采取认证制度与考试制度相结合的方式，州一级与国家一级的教师资格制度相结合、替代型与传统型教师资格制度相结合，使每位教师资格申请者都可以找到合适的申请途径，使每位在职教师不断进行学习更新和升级职教教师资格证书。此外，州政府与专业组织双方共同管理和协调职教师资的培养。德国是一个重视职业教育、提倡教育立法的欧洲国家，从 20 世纪中期起至今，德国逐渐建立起了相对完善的职业教育法律体系。和美国州政府管理教师培养不同，德国由国家政府管理职教教师的培养。1973 年，德国文化部颁布《高等教育、职业教育专业培训及考试细则》，规定职教教师应掌握两门专业课程及教育学、社会学课程，而且把教师分为两组，一组为理论课教师，另一组为实习课教师，各有侧重。从此，德国职业教育教师队伍建设更为规范化。德国政府自 1997 年起相继颁布了《职业教育改革计划》《职业教育改革法》《职业教育法》，2005 年合并了《联邦职业教育法》和《联邦职业教育促进法》两个法案，重新颁布了新的《联邦职业教育法》[16]。根据德国法律的相关规定，职业学校教师和企业教师都必须接受职前教育，入职之后还要进行专业发展方面的培训和继续教育，进修费用由州政府承担，从而使职教教师得到持续、连贯的培养。澳大利亚同样高度重视职教教师的专业发展，联邦政府和 TAFE 学院都有较为完善的师资培养计划。澳大利亚有自己独立的职教教师资格标准，TAFE 学院的专任教师主要通过大学的四年制学士学位课程来培养，除获得学士学位证书以外，他们还必须获得培训与鉴定培训包四级资格证。TAFE 学院的兼职教师也必须获得培训包中的四级资格证书，他们一般通过参加大学教育学院的师范培训获得该证书。培训与鉴定培训包不仅是 TAFE 学院教师的上岗资格准入标准，同时也是在职教师的进修指南，致力于帮助教师贯彻以学生为中心的教学理念，并树立终身学习的思想。澳大利亚质量培训框架规定各办学机构一定要落实师资队伍建设，否则政府拒绝拨款，甚至取消其办学资格。

美国职教教师培养以培养和提高教师能力为主，主要包括合作能力、对学生进行评价的能力、文化课与职业课的整合能力、领导能力和适应能力等。其中，文化课与职业课的整合能力是最核心目标之一。德国高职院校的所有教师都必须经过严格的专业资格培训、教育学等方面理论进修学习、理论考试和实际操作考试才具有任职资格。德国“双元制”下的校企合作特点突出，学校为各类企业的职工提供培训服务，企业也为学校教师培训提供场所。德国联邦各州的法律规定高职院校的教师必须每两年进修一次，这是他们必须履行的义务，而且教师进修与提高工资待遇和职务直接挂钩。澳大利亚一方面从高等院校大量培养专职教师，既注重其教学能力的培养，也注重专业实践经验；另一方面从社会大量选聘专业技术人员接受师范教育成为兼职教师。新加坡的教学工厂则把工厂直接建在学校，真正实现了校企无缝结合。以南洋理工学院为例，该校的师资培养着重强调专能提升、综合能力拓展和能力专项。专能提升是指保持并增加教师现有市场价值的策略。为了提升教师的专业能力，南洋理工学院积极搭建平台，让教师担任项目经理或工程师与企业合作共同完成项目。除此以外，学院还通过承担挑战性的工作、对外咨询服务、海外授课等多种方式方法帮助教师专能提升。综合能力拓展是帮助教师取得更多新市场价值的策略。南洋理工学院通过教师轮岗调职、工作轮调、工作交换计划、跨职能多元学科小组、经验分享等各种形式帮助教师接触多个领域，提升综合能力。能力专项是开发师资潜力、应对挑战和变化的策略，其核心要素是帮助教师寻找到一个新的专业领域或方向，从而应对新形势的变化和要求。

发达国家大都实行教授终身制度，教授数量一般很少，不同等级的教授薪水也不同。在各发达国家的高职院校，副教授及以下职称的教师多数实行任期制或者聘任制，他们要接受定期考核，有一定期限要求，并且签订合同。发达国家的高校在职称评定上拥有较大的自主权。有许多国外的职称制度实行评和聘分离，“评”主要是学校、社会和行业对教师各方面能力的认可，它一种荣誉，而“聘”主要由学校自主决定，它决定了教师能否继续留任。

各国对于教师评估都有严格的标准和要求。美国职业院校对于教师的考核贯穿其教学的整个过程，主要有3个方面：科研、教学、公共服务。教学方面主要是从授课种类次数、学生数量、学生评语、教法创新等方面考察，由教学委员会评价、系主任评价、学生评价、同行评价、自我评价等组成；科研主要从教师学术报告、论著、科研经费等方面考查；除此之外，美国的教师还必须承担一些事务性服务活动，服务的形式包括参加学校委员会、招生注册、筹资、开发、咨询、组织学生活动等，对此也要进行评价[2]。澳大利亚TAFE学院教师一般采用聘任制，重视对教师教学工作评估，不断发现问题并改进，对兼职教师采用特殊工资制度，明确了岗位职责、教师招聘和辞退标准，在师资培训方面采用灵活多样的形式开展。澳大利亚质量培训框架（AQTF）和培训包提供了一系列具体标准，各项能力的评估过程和资格的评估过程基本一致，资格申请人按照能力单元规定参加学习，然后接受评审，或者不参加学习直接接受评审，满足能力单元要求的能力项目有明确的说明，各项都符合要求的申请人才能得到相应资格。TAFE学院都制定了一系列考评细则，许多学院每年对教师进行至少两次评估。新加坡的高职院校每年年终都对员工进行考核，考核结果决定其能否加薪或晋升。考核内容包括个人素质及表现、课程教学与学生管理表现、其他工作表现三方面的业绩。考核采取逐级评分和排名。考核表格由教师填写后交由课程组长、专业主任、系主任逐级填写。课程组长负责本组人员排名，专业主任负责专业教师排名，系主任负责全系总排名。排名结果与教师薪资保密。

四个发达国家的政府和高职院校都有较为完善的教师激励机制。比如，德国政府积极为教师提供在职培训的机会，并给予各种形式的赞助。面对教师退休低龄化的难题，德国政府激励教师通过提高自身技术和能力以争取到新的岗位，帮助他们在学校继续任职[17]。澳大利亚政府和各院校对工作业绩突出的教师给予各种各样的奖励，比如提供费用和机会让教师参加国内外学术会议、外出进修、开展教育教学方面的研究、开发教材等。在新加坡，高职院校并没有专门的职称评聘制度，以南洋理工学院为代表的高职院校重视通过年薪加薪和提升来激励教师。如果教师在一年内的成绩突出，便会在年终分到花红。如果教师没有获得加薪或提升，那么可能在合同期满后，学校不再与其续约[18]。

此外，美国、德国、澳大利亚和新加坡这些发达国家的“双师型”教师在社会地位和工资待遇等方面普遍比其他类型学校的教师高，在德国和澳大利亚，“双师型”教师中的大多数都属于公务员，他们和教育官员的社会地位一样高，收入也非常高。德国政府和各联邦州都给予教师雄厚的财政支持，让教师享受公务员待遇的最高级别，原则上不得被解聘，无需缴纳失业保险和医疗保险金。在一些国家的高等职业院校，“双师型”教师的待遇甚至比大学教授和国家公务员都要高。良好的待遇在很大程度上保证了“双师型”教师队伍的稳定性，增强了他们的吸引力。

5.2.4　“双师型”教师培训体系健全

在当前国际社会，由于经济结构调整，人们在科技、服务等方面的需求不断发生变化，企业对人才的专业技能标准和要求也逐渐提高，高职院校教师的在职培训也越来越重要。美国、德国、澳大利亚、新加坡等发达国家职业院校都倡导教师“终身学习”的理念，而且制定了一系列相关的法律制度规范职业教师培训，进一步明确了教师的权利、企业的培训义务以及校企合作的必要性，高等职业院校教师培训的内容一般非常注重实际效用，能够紧跟社会需求、经济需要步伐，不断拓宽教师的知识面、更新专业技能。

各国都有自己的职业教育法，美国职业院校普遍重视教师的培训和提高，许多州明文规定职业院校教师每年假期必须到工厂、企业第一线开展调研、实训和实践锻炼，以提高专业技术和实践能力，或到高等学校进一步研修，以提高教学水平和学术水平，并把培训和研修作为教师职称晋级的主要依据。德国对职校教师的培训有国家层面的法律保障。德国 1969 年颁布的《职业教育法》、1973 年颁布的《职教师资培训统一规范》、1981 年颁布的《职业教育促进法》、2005 年颁布的《职业训练法》和《联邦职业教育保障法》等一系列法律的出台和实施保证了高职院校教师培训的制度化和系统化。德国职业院校“双师型”教师培养、培训有着独特的模式与经验，德国全国性的法律规定，每年每位教师应有5个工作日脱产带薪参加继续教育，每5年至少有2周企业实习经历。德国各联邦州的法律规定，高职院校的教师必须不断参加继续教育，这是他们必须履行的义务。教师培训主要有由州文化部组织的、由区政府组织的和由学校组织的三种形式。教师可以自主选择培训内容，培训费用全部由政府提供。针对不同教师的需求，培训的种类和继续教育的层次也各不相同，各培训中心、综合性大学和企业都安排了相关教师培训活动，学校安排的还有研讨会、交互式学习等形式的活动。德国政府高度重视高职院校的教师进修，并强化进修的国际意识，教师进修后可提高任职资格。德国的高职院校每两年对教师进行一次考核，考核通过便可以晋升一级并获得加薪，未通过者必须继续参加培训。培训学院和企业负责专职教师的培训工作。前者负责培训新理论知识和新型技术，后者主要负责培训教师的实践操作技能。实训教师的培训一般通过教育培训部门定期举办的进修班和研讨会，由企业承担全部或部分学费。国家和各联邦州给予财政支持，让教师享受公务员待遇的最高级别，原则上不得被解聘，无需缴纳失业保险和医疗保险金。澳大利亚20世纪70年代的《坎甘报告》、80年代中期的《柯比报告》以及90年代初期国家培训局（ANTA）颁布的职业教育制度框架已经成为澳大利亚职业教育处于世界领先水平的重要法律保障。特别是澳大利亚高等职业教育教师专业发展标准培训包更是独具魅力，包括8个能力模块和55个能力单元。澳大利亚TAFE学院的教师主要有三种培训方式：第一，新教师必须参加教育部门组织的为期1年的上岗培训，之后由教育部门和聘用学校对其进行考核评估决定留用与否；第二，在职教师可以利用寒暑假、职业年假等实践进行学历学位提升、新技能等多方面的培训；第三，TAFE学院的教师必须定期参加企业培训和实践，保证课堂教学内容与企业技术发展和知识更新同步[19]。

美国、德国、澳大利亚、新加坡等发达国家及其职业院校的教师培训体系都较为完善，教师培训形式多种多样。在美国，许多社区学院每年都会拨专款用于教师进修与培训，并为教师提供短期与长期的国外访学机会。美国的教育机构开发了不同类型的培训项目，便于不同层次的培训对象进行选择，其培训师资主要是来自各行业、企业、社区的管理专家和技术专家。美国职业教师培训的内容主要包括：劳动法规，让教师掌握学生实际工作岗位的法律知识；如何充分利用企业资源；实际工作岗位使用的各种表单设计；信息化资源使用；让教师学会如何利用并获取丰富的信息化资源等。这些都是与实际工作紧密结合的问题。

德国从国家到职业院校都非常重视在职教师的培训。教师培训被视为提高教师队伍整体素质的有效方法之一。德国职教教师的培训机构覆盖面广、组织性强、结构严密。德国共有 16 个联邦州，每个州都有专门负责教师培训的州政府部门。德国职教教师的培训是分级分类的，包括州级、区级、校级等各级培训以及不同机构和部门的合作培训。职业学校教师（理论教师和实践教师）的继续教育采用十多人的研讨班的形式进行，并且多采用理论与实践相结合的形式。实训教师的培训机构大多为企业，企业承担培训所有费用。德国高职院校的教师将培训视为自己应尽的责任和义务。他们通常会自觉地根据自己的专业需要不断充实自己，同时积极参加学校举办的一些短训班，参加由学校的骨干教师、企业经理、有名望的学者进行的报告、讲座和交流。

TAFE 教师培训的形式包括研讨班、论坛、文凭获得计划项目等，培训内容分为教育教学方面的知识和专业技术技能知识，强调师生沟通、能力本位的教学与评估、教学方法创新、灵活使用培训包等。澳大利亚政府要求高职院校教师必须参加各种新知识讲座、新技术培训、定期参加企业培训并到企业开展实践练习等，企业专家委员会对实践效果进行严格的考核和评估，实践评估不合格的教师学校将不予续聘。澳大利亚政府规定企业负责报销教师参加企业培训的费用，学院承担新教师参加教师资格证学习的相关费用。自 1989 年起，澳大利亚政府每年拨款 0. 25 亿澳元用来培训 TAFE 学院的教师。澳大利亚各个 TAFE 学院也都有相关制度规定教师定期到企业进行实践锻炼，教师学习了最新的知识、技术，更多了解企业文化，便于其更好地指导学生，并用企业精神影响学生。

在新加坡，教师入职后每年必须有固定的接受培训时间，包括学历培训、带薪岗位培训等。南洋理工学院每学期都安排 1/5 左右的教师停止教学活动，轮岗参加培训、项目开发、课程开发等。新加坡各高职院校提倡师资培训终身化，他们不设置教师培训进修的年龄限制，而是看中教师主动深造的上进心，要求教师活到老学到老，只要是工作需要都给予培训机会。

校企合作是各发达国家教师培训的重要途径，教师通过定期到企业一线进行实践可以及时学习新技术和新观念。在德国，国家规定，高等职业院校的教师每年有 5 个工作日能够脱产带薪参加企业培训，每两年必须全脱产参加一次进修活动；澳大利亚 TAFE 学院规定在职教师必须经常或定期参加企业的培训，并到企业进行技术实践，行业技术人员经常作为兼职教师到学校讲课或举办专题讲座，实现了学校与企业的优势互补；新加坡职业院校的“无界化”理念促成了系部合作无界化、校企合作无界化、教学与市场无界化、校内资源无界化、归宿认同感无界化，极大地促进了职业教师自身的动态发展、团队精神的增强、学校与企业共同进步。

此外，很多国家的高等职业院校重视国际化合作，为教师培训搭建国际平台，同时，积极引进海外人才，积极建设具有国际化思维和视野的“双师型”教师队伍，为培养学生的国际化思维、国际化视野和国际竞争能力提供师资支持和保障，其中，最为突出的是新加坡。新加坡各高职学院普遍制定了在全球范围内招聘高技能教师的招聘政策，鼓励教师参与国际化会议、培训或学习，到海外企业学习或兼职，并与海外高校联合开发项目、联合办学，为教师了解国际最新技术动态、提升师资水平提供机会。

参 考 文 献

[1] 李劼点．美国职业教育教师资格制度研究［D］．洛阳：洛阳师范大学，2017.

[2] 胡晓文．欧美发达国家职业教育师资队伍建设的特点及启示［J］．南昌高专学报，2010（1）：127～130.

[3] 李梦卿，熊健民，罗莉，等．双师型教师队伍比较研究［M］．武汉：华中科技大学出版社，2010：144～146.

[4] 杨柳．德国“双元制”职教师资培养模式对我国的启示［D］．南昌：江西师范大学，2008.

[5] 张碧娴．德国双元制职业教育师资培养模式的实践与启示［J］．科教通讯，2018（17）：74～79.

[6] 申文缙，周志刚．德国职业教育教师培训效果评价研究［J］．河北大学成人教育学院学报，2016（3）：85～91.

[7] 吕红，朱德全．澳大利亚职教教师资格与标准——TAA 培训包的经验与借鉴［J］．比较教育研究，2009（6）：86～90.

[8] 沙绍举．澳大利亚 TAFE 教师的录用、培训及对我国教师培训的启示［J］．河南科技学院学报，2015（8）：57～59.

[9] 闫辉，李国和，蔡玉俊．澳大利亚 TAFE 师资培养模式探究［J］．职业教育研究，2016（6）：88～92.

[10] 李梦卿．双师型职教师资培养制度研究［M］．武汉：华中科技大学出版社，2012：131.

[11] 张晓林．澳大利亚 TAFE 教师专业发展研究［D］．大连：辽宁师范大学，2017.

[12] 张立．新加坡高职教师培养与激励的经验与启示［J］．高等职业教育探索，2017（4）：40～45.

[13] 潘修强．新加坡“以学生为中心”的师资队伍建设特点及启示［J］．现代教育科学，2018：151～156.

[14] 卢菲菲．新加坡“双师型”教师队伍建设探析［J］．纺织服装教育，2015（6）：510～513.

[15] 李毅坚．中新两国高等职业教育师资队伍建设之比较——以广西职业技术学院为例［J］．湖北函授大学学报，2012（4）：9～10.

[16] 黄礼红，左崇良．欧美职业教育师资队伍建设的经验及其启示［J］．职教通讯，2016（10）：49～58.

[17] 李梦卿．双师型职教师资培养制度研究［M］．武汉：华中科技大学出版社，2012：105.
[18] 屈超，周林军．借鉴新加坡职教办学理念　构建一流高职教育师资队伍［J］．教育教学论坛，2014（16）：35～37.
[19] 黄乃祝，邓思．经济发达国家高等职业教育双师型教师管理经验及启示［J］．当代职业教育，2016（12）：103～106.

6 地方本科院校“双师型”教师队伍建设对策

2018 年 1 月，中共中央、国务院印发《关于全面深化新时代教师队伍建设改革的意见》，明确提出要“全面提高地方院校教师质量，建设一支高素质的双师型的教师队伍”；同时，随着一大批普通本科高等院校转型为应用型本科院校，“双师型”教师已有的定位和政策有了较大转变。在产教融合的背景下，推动人才培养、“双师型”师资建设与产业转型升级衔接配套，推进行业企业参与人才培养全过程，实现校企、产教协同育人，加快建设一支熟悉产业状况、服务产业转型、支撑产业发展的高素质专业化的“双师型”教师队伍，是提高技术技能型人才质量和推动地方高校发展的根本保证。

地方本科院校“双师型”教师队伍建设是促进当地大学教师教学科研能力发展，提升当地人才培养质量，推动地方本科院校可持续性发展的根本举措。地方本科院校“双师型”教师的教学科研能力的整体性提升和发展是一个长期而复杂的系统工程，不仅是教师个人的事情，也是国家及教育部门、职前职后教师教育培训机构、地方本科院校、企业、个人等多种主体性因素作用的结果，需要各个方面的协调配合才能真正取得实效。从影响地方本科院校“双师型”教师教学能力发展的具体因素看，既有外在客观因素，也有内在主观因素，外在客观因素是前提、基础和保障；内在和主观因素起着决定性作用，是根本，即从根本上来说主要还在于“双师型”教师个人及团队的建设程度。有效开展推动培训学习同样离不开国家地方和学校组织层面的政策导引、专业支持、平台打造，同时也离不开教师的自身实践、科学研究、协作攻关、自我反思等。

如何在目前的转型背景下加强“双师型”教师队伍建设仍是很多学者关注的重点。从现在的研究成果来看，有关“双师型”教师队伍的研究大多还停留在政策“呼吁”层面，在实践操作层面的研究相对较少。基于目前“双师型”教师建设现状，本书从政府、院校、教师、企业四个主体层面提出以下对策：规范与完善地方“双师型”教师建设的整体性体制机制，大力加强地方“双师型”教师队伍建设，当地教师积极提高以“双师”为标准的素质和能力，以及校企联合培养“双师型”教师。

6.1 规范与完善地方“双师型”教师队伍建设的体制机制

好的体制建设可以为地方本科院校“双师型”教师的教学科研能力发展提

供强大的导引动力。而落后的制度会消解地方本科院校“双师型”教师发展教学科研能力的意愿和可能。这个体制建设过程，离不开良好的政策环境和激励机制。在很大程度上，不论是政府或者教育部门，还是地方本科院校自身，制定日益完善的相关政策和制度，不仅能指明地方本科院校“双师型”教师的教学能力发展方向，同时也能为其发展提供必需的保障和动力，从而激励其努力奋斗，走向卓越。

目前对地方本科院校师资建设尤其是地方“双师型”教师队伍建设（含教学科研能力建设），国家已相继出台了很多相关文件，这些政策性文件对地方本科院校进行“双师型”教师的教学科研能力建设提供了重要的政策支撑。有了政策规划，就必须贯彻落实，否则就成了一纸空文。针对规划提出的多种举措，一方面各级政府和教育行政部门要尽力完善地方教育政策；另一方面需要完备的制度体系贯彻落实有关的规划内容。同时地方本科院校内部也需要大刀阔斧进行改革，尤其需要完善各种激励评价机制。归结起来，需要在以下方面加强制度设计，将政策真正落到实处，为地方本科院校“双师型”教师的教学能力发展提供强大动力。

6.1.1 我国地方“双师型”教师队伍培训体系的构建

“双师型”教师的培养和培训活动对其教学科研能力的发展提高起着非常重要的作用，政府、教育行政部门及地方院校需要给予高度重视。可以借鉴澳大利亚和德国职业教师建设的成功经验，加强“双师型”教师继续教育培训，不断完善师资队伍的培训体系。首先，应对教师培训的时间、场所、方式等做出明确规定；其次，建立教师继续教育培训机制，主要分为两种方式：校本培训和校外培训。在培训的过程中，教师可以根据自身的要求选择适合的培训方式和周期等。培训的主要目的在于使教师根据时代发展的要求，不断更新自身的知识体系和提高自身的教学及实践能力。培训内容包括但是不限于教学技能、实验操作能力和专业理论知识等。要充分利用校企合作平台及多种实训基地建设，以社会服务能力为重点，积极探索完善“双师型”教师的实践培养机制，可以重点采取以下几项措施：

（1）大力加强对外交流与国际合作，大力培养地方“双师型”教师人才。定期派遣部分教师出国或在其他大学进行定期或者长期学习和培训是许多高校培训教师的策略之一。应每年按照计划派送部分教师参加有关企业实践的专业培训、学术科研讨论和学术交流培训会议，使他们不仅能学到相关的理论知识，还能学到行业内目前实用的顶端技术。如，可以每3年给教师制定若干个月的培训计划，视情况而定，让教师有机会到与自己业务相关的企业或研究机构学习专业前沿知识和技能[1]。

（2）学企双向互聘师资。依托校企合作委员会和职业教育集团资源，重点支持承担教学改革立项项目的专业实行互派互聘。依托校企合作企业，于校内设立教学名师工作室或技能大师工作室等。例如黑龙江工程学院聘请哈尔滨工业大学、东北林业大学教授以及省内行业企业专家共同参与“全日制”工程硕士研究生培养方案的制订，专家提出工程硕士研究生的培养一定要突出“工程性和实践性”特色[2]。通过企业专家和行业人才的相互研讨，使培养方案具有一定的实践性。

（3）提高高端项目教学能力。通过咨询、定期访问、指导和交流等，推进专业建设，培养学术型、技术型和“双师型”教师。

（4）建立兼职教师“动态”聘用管理机制。设立兼职教师聘任专项资金，着力加强兼职教师的聘任、考核和日常管理工作；建立学校兼职教师资源库，并对入库的兼职教师进行动态性跟踪管理，完善兼职教师的定期培训体系，提高教师实践教学和科研能力，管理部门要加强教学科研质量监控。

建立和完善专、兼职教师职业技能资格制度，鼓励专业教师兼评、兼考相应专业的工程师、经济师、技师等中级以上专业技术职称、职业资格等。

（5）实施培育“优秀教学科研团队”工程。主要面向各专业带头人和青年骨干教师，以专业建设和科研能力提升为工作重点，造就具有教学与科研创新实干能力的“双师型”优秀教学团队。

通过系统性加强和完善地方“双师型”教师培养制度体系，将来自企业或其他行业的兼职教师纳入学校的整体师资队伍中，强化实验实训教师和企业兼职教师的职业素养提升，提高其教学科研水平，为创新实践能力的培养提供智力支持，培养成一支素质高且教研能力强的专兼结合的成熟的“双师型”师资队伍。

6.1.2 有关地方“双师型”教师培养的政策法规的颁布

“双师型”教师建设的本质在于培养一批兼具教学、科研和实践创新能力的教师。从目前地方本科院校“双师型”师资队伍建设的进程来看，还有一系列的问题亟待解决，尤其是在政策法规条例有所欠缺。

第一，完善与教师有关的各项规章制度。

通过借鉴国外的典型经验，地方本科院校应该将地方“双师型”教师从资格认定、聘入培养到评价激励等方面纳入法律法规的轨道。

首先，地方政府可以尝试试行一些相应的法律法规。在获得一定的改革和创新的实践经验后，国家或者地方政府可以制定统一的法律法规，包括地方“双师型”教师的资格标准、考核标准、待遇体系和激励措施等。地方高等学校根据国家和地方的法律法规，制定具体的适合本校的规章制度，培养地方“双师型”教师，特别是在绩效考核、职称评定、继续教育、学术带头人评聘等方面。

根据专业教师的资格要求，地方高校应不断提高“双师型”教师的认定标准，优化细化考核方法，加大考核绩效的资金资源分配力度，大力探索教师分类考核多种可行的激励机制。加大对青年教师培养培训、企业人才培训、专业教师引进、专业带头人、骨干教师和优秀教学团队培养的资金和资源投入。针对处于不同成长时期、不同岗位且具有不同技能的教师分别制定与之相适应的绩效激励惩罚制度，使教学、科研和工程等各级人才的职业发展方向更加清晰。

（1）大力完善教师岗位设置、职称评定和年度考核方法。着力将专职教师参与企业岗位实践工作和兼职教师承担的教学工作都纳入年度考核、职称评聘和岗位晋升的范围。符合职称评定条件的兼职教师应允许参加职称评定；并在职称评定、继续教育和岗位聘任等方面给予制度性倾斜。

（2）将面向社会的职业培训和技术服务等工作与高校教师的薪资报酬挂钩。对已具备地方“双师”资格的教师按照相应等级可给予适宜的专项津贴、减免税费等待遇。

（3）建立和优化教学、科研、师德标兵等评选制度，激发教师队伍的新活力，大力营造专业人才脱颖而出的良好环境。

总之，有了政策规划，就需要切实贯彻落实，否则就成了一纸空文，针对规划提出的举措，一方面，各级政府和教育行政部门要改进完善地方教育政策；另一方面，需要设立完备的制度体系并贯彻落实有关规划内容。就院校内部而言，也需要大刀阔斧进行改革，尤其还需要完善各种激励惩罚评价机制。

第二，完善校企合作的长效性机制。

一方面，应逐步完善校企合作的长效性交流与协商机制。建立比较完善的交流与协商机制能够帮助校企双方降低长期合作成本，从而实现合作效率的有效提升。地方教育部门也应努力为校企合作各方搭建多方交流的协作平台，并建立多方合作联动机制。应努力建立地方本科大学“双师型”师资队伍建设的多种研讨会议制度，应定期组织相关人员召开会议，交流各地的“双师型”教师队伍建设经验，讨论和实施教师队伍发展举措，为校企合作各方提供多方交流的平台。从地方院校角度来说，院校应挑选相关专家组建校企合作委员会，全面研究教师实践培训、实训基地建设等“双师型”教师队伍建设等事宜，统一协调学校在合作过程中遇到的各类问题。

另一方面，应当建立完善系统的校企合作保障机制。从经费保障方面来说，应建立严格的经费使用和管理制度，并明确规定各种项目可获取经费的合理数量及比例，还应建立经费使用监督体系。从制度保障方面来说，应出台合理的校企合作管理制度，明确校企合作的具体措施和实施原则，监督双方的合作行为，对双方各阶段的合作成果进行评估，从而保证校企合作各项工作的顺利运行。除此之外，还应努力建立多方参与的监督和反馈机制，引导多方元素参与校企合作的评价监督工作，从而为校企合作提供全面保障，促进地方院校“双师型”师资队伍的建设工作。

6.1.3 教师队伍建设的物质保障

物质投入和资金保障是地方本科院校“双师型”教师有效开展学习培训和促进教学科研能力发展的物质前提，没有这个条件，很多举措都无法落到实处。进入21世纪，我国地方院校的教育经费投入问题尽管得到了高度重视，也采取了一些重要的经费投入举措，但是还不能满足构建现代地方院校教育体系的需求。主要表现为：经费投入总量长期不足，且与地方本科教育的高成本现状不相适应；经费分配结构比例不够合理，多元化筹资体制不健全；各地区间的经费投入不均衡，各地平均教育拨款差别巨大等。

从规划来看，国家对地方本科教育的投入的决心和力度都非常大。各级政府和教育部门急需把对地方本科教育的经费投入问题导入议事日程，明确向地方“双师型”教师队伍建设进行政策性倾斜，单独划拨经费或设立财政专项经费激励地方本科院校侧重加强“双师型”教师的教学科研能力发展，并切实贯彻和落实各项政策，这样才能督促地方本科院校“双师型”教师切实开展学习工作，为促进当地教师教学科研能力的发展提供重要的保障条件。

国家或者地方财政拨款是地方本科院校发展的主要资金来源。在目前地方本科院校转型的特殊时期，众多方面都需要进行改革，对财政的需求会有所上升。尤其是在“双师型”教师队伍建设这一方面，为了给教师提供更好的转型环境，建设学院实验基地、学习中心以及聘请兼职教师、选派教师进行挂职锻炼等每一项都需要经费支持。政府应在严格遵守财政拨款原则的前提下，加大对地方本科院校的财政支持力度。政府加大经费投入倾斜力度，完善经费稳定投入机制势在必行。资金去向可以分为三个部分：一是用于提高教师的薪金待遇，为人才的引进提供物质保障。二是用于转型院校购买相关的实验器材。经过调研发现，部分院校因硬件设施和实验器材限制，导致很多工程研究和科研工作进展受阻。三是用于教师的国内外进修与培训。从长远来看，“双师型”教师的培养，培养周期相对较长。为了与时俱进，需要不断学习和进修来提高自身的综合素质与能力。因此，政府应对教师的培训和进修提供资金支持，让其拓宽视野，通过进修与培训不断成长。

政府要加大对地方本科院校的教育财政投入，还主要体现在要增加实验室、实训基地建设投入。要减轻学校负担，让学校能够有充裕的经费提高教师待遇。在引进“双师型”教师方面，国家要在改善教师待遇方面给予更多的专项经费投入和支持，同时也要将市场竞争机制引入高校发展竞争中，从面向政府办学引导到面向社会和市场办学上来，把学校育人质量评价从原来的政府评价转换到社会评价和市场评价[3]。政府要充分赋予地方本科院校自主权，除进行必要的监管外，充分尊重学校的薪酬分配方案。在引进企业、行业的高级工程师、高级技术人员作为学校的“双师型”教师时，政府要根据当地企业的薪酬水平给予这部分人员相应的财政补贴，从而打通企业、行业到学校进行应用型人才培养的通道，引进优秀的企业、行业人员，推进教师队伍的整体转型。对地方本科院校而言，一方面要将教师转型拨款真正用于改善教师培训和进企业挂职锻炼等方面，不要挪为他用；另一方面也必须要改变原来的等、靠、要的依赖思想，转向自力更生，挖掘优质的实践锻炼项目，让教师得到充分的实践锻炼，同时还能服务社会，服务区域经济发展。

需建立差异性平均经费拨款标准制度。也就是说本着“均衡化”的原则，从国家层面充分结合和分析我国东、中、西部各类地区经济社会发展水平和地方本科教育培养成本，制定各类地区最低平均拨款标准。这个标准可作为地方财政拨款主要依据，并推动省级政府制定并落实地方本科院校平均经费标准研制工作，制定本省区最低平均拨款标准。《现代地方教育体系建设规划（2014～2020年）》曾明确指出：“通过调整优化财政支出结构、加强规划、制定标准等措施，加大各级政府对地方教育的投入。地方政府加强地方教育布局结构、基本建设、专业建设和教师队伍建设规划，加大对体系建设重点领域和薄弱环节的投入。”

此外，还可以考虑要拓宽经费来源渠道，大力引导企业投入。企业是地方本科教育直接服务的对象，也是地方本科教育的最大受益者，是市场经济的主体。相关部门应采取举措积极引导行业企业，可通过合作、独资或者合资等多种形式举办高等地方教育。积极探索发展股份经营制或混合所有制等地方本科院校的多种发展模式，允许地方企业中的行业知识、资本、技术、人才及管理等要素参与办学并享有相应的权利。

6.1.4 政府引导校企合作

政府在地方本科院校自身发展和高校企业合作建设方面也可以起到牵线搭桥的重要作用。地方本科院校一定程度上存在重学轻术的倾向，高校与企业的合作没有深厚的历史基础，校企合作不会一蹴而就。就企业而言，与高校的合作会存在诸多问题，主要体现在为自我技术保护导致合作深度不足，校企合作细节制度不完善等，地方本科院校不能完全解决该问题，需要政府的协助和支持。政府不能强制要求校企合作，但可以通过政策引导促进合作共赢的局面产生。校企合作共同培养是快速有效建设“双师型”教师队伍的有效方法，为推进该合作，政府需为企业提供一定的政策，如减少税收，进行一定的补助等，逐步使企业意识到校企合作的优势，加深校企合作的基础。

2015 年，《教育部、国家发展改革委、财政部关于引导部分地方普通本科高校向应用型转变的指导意见》（教发〔2015〕7号）指出，要建立行业企业合作发展平台。建立学校、地方、行业、企业和社区共同参与的合作办学、合作治理机制。积极争取地方、行业、企业的经费项目和资源在学校聚集。合作推动地方本科院校转型发展。地方本科院校的发展需要校企合作，但是仅凭学校的一己之力与企业沟通，效果十分有限。而政府作为行政管理机构，在校企之间的合作上起到至关重要的作用。政府的政策倾向和资源分配可以促进校企合作的进程和黏度。政府一方面应对地方高等教育工作给予一定的支持，另一方面应对企业给予一定的政策倾斜，鼓励企业积极与学院深度合作。政府中间人的角色扮演好了，校企合作就会结出丰硕的成果。

（1）减免税收。减免税收是鼓励校企合作的一种物质方式。可在减轻企业压力的同时提高校企合作的积极性。这对企业来说是一种先行的优惠政策，也是对企业与高校合作的鼓励。企业发展重视政府规划和政策倾向，在政府的引导下，企业在保障收益的基础上会更倾向于顺应社会发展的趋势。

（2）荣誉奖励。荣誉奖励是鼓励校企合作的非物质形式。虽然没有直接的金钱上的奖励，但是可以帮助提升企业社会形象，树立良好的口碑。这对企业来说是无形的资产，对企业的定位和长远发展有重要意义。社会影响力和口碑对于顾客在选择产品时有一定的引导作用。在竞争日益激烈的市场，社会影响力和口碑对企业的销量影响程度越来越大，因此企业会更加重视自身的社会形象，这也是实现校企合作的一个突破口。

地方本科院校的发展不会一蹴而就，需要多方的共同配合。政府对地方本科院校的发展起到宏观的协助作用，高校在寻求合作或推进工作中遇到了困难，政府可以帮助其进行多方协调。高校是自身发展的主体，要学会自力更生、自主发展，充分发挥自身的作用进行转型的尝试，在尝试中不断探索、进步。企业是地方本科院校发展的重要基地，企业应为地方本科院校提供实践的机会，同时为自身发展注入一定活力。只有多方协作，合力发展，才能实现地方本科院校的成功转型。

6.1.5 评估和监督工作的完善

政府在学校和企业进行合作的过程中，应扮演好两种角色：一是双方利益的协调者。加强学校教学内容、培养目标与企业技术研发等之间的联系，消除阻碍教师队伍发展的一切不利因素。在校企联合培养地方“双师型”教师的过程中，因为利益问题出现一些矛盾或冲突时，政府的相关部门应积极协调两者之间的关系。二是政府应该扮演好监督管理者的统领性角色，定期对高校“双师型”教师教学、科研和技术转化成果进行评估，规范高校在师资培养过程中的一些不合理的行为，推动“双师型”教师培养工作的顺利开展。同时，政府可以通过免税的形式，对那些提供培训平台的企业或公司进行经济上的补偿，提高企业与学校联合培养“双师型”教师的积极性，平衡好两者之间的利益关系。

国家还要加强准入制度的设计和监管。在确定高校转型时，要防止个别高校不是以转型为发展目标，仅以转型为途径套取政策红利。对于通过国家审核的地方本科院校，要和地方政府、教育部门联合监管转型学校是否把培养应用技术型人才作为目标，是否重视教师队伍转型。通过准入制度设计和监管，引导转型的地方本科院校重视教师队伍转型，切实培养应用型人才。

此外，在教师队伍转型的变革阶段中还要注意以下几点：一是让转型适应社会规律，教师队伍的成功转型是适应国家经济社会转型的需要，适应高等教育结构调整对学校转型的要求而产生的，是符合高等教育发展规律的。二是转型不是对原有状态的全盘否定和推翻，因此对于有用的习惯和做法要尽力保存。三是转型前要对教师队伍的全体成员提供转型的信息，并对转型的原因、性质和转型日程，对教师队伍可能产生的影响进行充分的说明和宣传，避免造成恐慌。四是鼓励教师参与转型计划的制定和执行。五是面对教师担心既得利益损害，学校在设计教师队伍转型方案时要注意尽量避免教师因转型而受到利益损失，并承诺转型成功后还可以分享转型利益，一旦转型成功则要及时兑现。六是要设置专门人员进行咨询，让教师群体对转型有疑问、困惑或者质疑时能有专业人员进行解释和处理，而不是互相推脱。七是允许通过谈判等方法解决因转型而引发的问题，避免高压、强制执行模式。转型过程中必然会面临各种问题，采用平等谈判、友好协商的形式会更有利于教师队伍转型的平稳过渡和进一步推进。

6.2　转型本科院校“双师型”教师队伍建设的措施

地方本科院校“双师型”教师队伍建设必须要结合本校学科建设实际、专业建设规划，对本校未来一定时期的本科专业“双师型”教师需求做出规划，从本校各类本科专业“双师型”教师的现状、需求出发，明确“双师型”教师建设目标、任务，系统制定“双师型”教师的人才引入计划与培养计划。切实建立健全“双师型”教师培养与引入保障措施，促使人才能引进来、培养出来、留的下、安心教学。在地方本科院校充实对教师进行在职学习的人事主管部门的职能，增加对教师到企业或相关部门进行实践技能研习服务的职能。

6.2.1　建立科学的高校分类体系

社会的持续发展离不开基础科学，同时也离不开应用科学，两者的贡献处于同等重要的地位。基础科学探究事物的自然规律，应用科学研究运用新技术、新成果，解决现实问题。两类科学研究需要的人才类型不同，也导致高等教育在分类上有所区别，并建立两种分类体系——学术型与应用型。社会不断向前发展，不仅需要以学术型为主的精神文明的推动，更需要应用技术型的人才创造出更多的物质文明做基础。学术型人才是精英教育的产物，是大学自产生以来不断发展的主要产物。随着科技的日益更新、产业结构的调整与升级，传统的以培养学术型人才为目标的单一发展模式已经不能满足当今信息化快节奏的社会对多样化人才的需求。社会上急需大量的掌握高精尖技术、能够进行研发、创新科技的解决生产实际问题的应用技术型人才[4]。“正是由于社会经济发展对应用型人才的需求旺盛，而现有的应用技术人才又难以满足经济社会的发展需求，地方本科院校向应用技术大学转型成为一种适时的选择”[5]。新建地方本科院校可在自身办学的原有基础上，依据学校总体实力与当地产业对接的能力，深化产教融合，成功实现转型。“除个别院校外，一般地方院校的人才培养应定位于培养应用型人才”[6]。我国目前高等教育结构体系正处于调整与变革时期，高等教育类型与层次结构尚不完善，为了避免不同类型高校发展同质化，需尽快建立高校分类体系，进行分类管理。借鉴《国际教育分类法》的分类，我国高等院校可分为“研究型大学、应用型大学、实用型技术院校”[7]。研究型大学能够较多地授予博士学位，注重科学科研等方面的研究探索，旨在培养顶尖的学术型人才；教学科研型大学主要授予硕士学位及较少博士学位，以本科专科教育为主，并适度发展研究生教育；教学型大学多数是地方本科院校，其办学实力比较有限，主要以本科生教育为主，较少研究生教育；高职高专院校是指从事高等职业技术教育和高等专科教育的高校，是我国高等教育体系中同一层次的两种不同类型。我国的教育家潘懋元先生认为：“高等学校的分类是一个世界性的难题，又是关系到中国高等教育能否持续发展的关键”[8]。制定分类培养人才计划是高校培养多样化人才的前提与基础，各种层次人才的成长，需要在高校的大环境接受教育，因而对高校的分类十分重要。分类管理是政府对高校进行宏观管理的重要手段。政府要根据各地区区域经济社会发展的需要和高等教育发展的实际情况，认真履行对高等教育分类指导的统筹权。地方高等教育主要为生产第一线培养应用型人才，其主要的特点是注重理论联系实际，解决实际问题。不同类型的高校，由于获取资源的方式和能力不同，对环境的反应能力和速度也不同，其社会职能也必然不同。如何建立合理的高等教育分类体系，调整好高等教育的类型与层次结构，并实现不同类型高等教育在并行发展的基础上建立沟通渠道，是高等教育发展过程中必须要解决的紧要问题。用统一的评价指标体系去评价，必然会误导高校在办学目标、办学类型等方面趋同发展，丧失办学个性。所以，教育行政部门要充分考虑高校的多样性和差异性，应尽快加强对不同类型高校的分类与指导，促进高校进行科学定位，走适宜本校的特色化发展道路，实现区域高等教育的整体优化，完善高等教育结构，培养适合社会需求的多样化人才。

6.2.2　多途径引进人才

地方高等院校既是高等教育工作的主要实施者，又是地方院校教师提升能力的有力敦促者。地方院校作为推动师资队伍发展建设的主力，对全面系统地推进我国地方“双师型”教师队伍的建设工作尤为重要。

首先，应进一步完善健全地方院校的教师准入制度，着力完善各级教师聘任标准。各地方院校应遵循国际以及当地政府及教育部门出台的地方院校教师资格认证标准，结合学校现实情况，综合考虑本校教师人才结构、专业分布、学生数量、教学实训需求等相关因素，制定合理的人才聘用计划。聘用计划须完善可行，明确各校或者各学院的预聘教师准入标准、人数、渠道及程序等方面的内容。地方院校教师的准入标准应着重突出本地以及本校特色，在强调基础学历的同时，也应对专业素质和实践操作能力提出具体要求，侧重对地方“双师”素质的考量。

其次，拓宽地方“双师型”高层次人才的引进渠道。国家“十三五”规划纲要明确提出把人才培养作为推动经济发展的第一推动力，推进人才发展体制和政策创新。应投入一定的引进人才资金，拓宽地方“双师型”人才尤其是高层次人才的引进渠道，进一步优化专业人才的引进层次。（1）既要引入研究型教授、博士等高学历人才，也要调入一些高素质的或者技能型的企业技术优秀人才进入教学一线。（2）设立一定比例的流动岗位，通过双向挂职、短期工作、项目合作等引进方式，大力吸引有创新实践经验的实干家和企业高层次人才到学校兼职任教，并着重面向区域产业人才需求，实现人才跨体制流动，以吸进更多专业型人才。（3）针对地方特点及当地经济发展趋势，调动周边区域的可利用资源，以促进多方共赢互利。

最后，各地方院校应创新补充机制，积极拓宽兼职教师的准入渠道，吸引更多的专业优秀人才从事教育工作。在拓宽兼职教师的准入过程中，地方院校一方面应积极与行业企业建立人才互通机制，给予优秀人才以一定物质报酬与精神鼓励，并扩大院校间准入兼职教师的经验交流。另一方面，应借鉴教育发达国家在选聘与管理兼职教师中的有益做法，在明确兼职教师相对应的权责基础上，充分调动其能动作用，包括采取改善其工资结构、鼓励其参加教研活动、加强其与专职教师的沟通等措施，使兼职教师发挥出实践能力突出的优势。

总之，地方高校可以充分考虑改变专职教师招聘标准，用优惠措施吸引来自企业的“双师型”教师。针对现有教师队伍中学术型教师较多的情况，学校人事部门要提前做好教师招聘规划和方案，要将引进具有丰富的行业、企业经历的技术人员和高级工程师作为招聘重点。对于这部分人员要摒弃原来的唯学历论，学历要求可以适当放宽，主要考察面试者是否精通行业知识和实际操作技能，是否具备培养学生实践技能和专业技术的能力，从而扩大招聘范围，将有丰富的行业、企业工作经历的人才充实到学校的教师队伍中来。做好“双师型”教师引进工作，需要政府加大投入，给予稳定的资金支持。对拥有较强技术技能的高级工程师和技术人才，学校可以为他们提供专项补贴，结合专业特点制定个性化绩效考核方案。对于绩效好、应用型人才培养贡献大的教师要及时予以表彰，给予丰厚的薪酬和奖励。

6.2.3 优化教师队伍结构

教师队伍的素质结构转型涉及教师的发展问题，最理想的转型状态是通过教师的专业发展使其具备“双师”素质。目前教师队伍素质结构情况是不仅“双师”素质缺乏，而且教师队伍普遍呈现专业化程度低的状况。这就需要从教师的专业发展角度创造促进教师队伍转型的条件，让教师把专业发展看成是自身发展的需要，在自我发展、自我实现的需求下积极实现教师队伍的转型。地方院校应针对各校教师的学缘结构、年龄结构与“双师”课程结构、师资结构、职称结构等，优化教师队伍。

其一，针对学缘结构进行优化。广泛的教学与研究结构有利于活跃院校的学术气氛，给教学和科研注入新活力，而且博采众长，使师资队伍的整体效能得到充分发挥。地方院校教师主要来源于高校应届毕业生、科研机构以及企事业单位，教师队伍的学缘结构比例有待调整。地方院校应合理控制来自高校、企业与社会的教师数量，保障其比例为 1 ∶ 1 ∶ 1，并逐步增大具有企业背景教师的比例。

其二，针对年龄结构进行优化。目前青年教师在师资队伍中所占比例较大。但青年教师较为缺乏实践经验，不能充分满足学生的需求。要进一步优化教师队伍，各地方院校应使教师队伍年龄结构合理化，既保障有一批实践能力突出的青年教师，又要有经验丰富、比例相当的中年教师团队。

其三，针对“双师型”专业课程结构进行优化。在地方本科高专院校人才培养水平评估条件中，教育部明确规定“在专业基础课和专业课中，‘双师’素质教师比例应达到60%以上”。地方本科院校应对专任教师与兼职教师开展定期与非定期的多维培训，积极鼓励其提升“双师”素质，努力达到并逐步优于评估条件中的规定。

其四，针对师资结构进行优化。应用型人才的培养，其核心要素就是有效建立教师结构。首先要优化学历结构。因为具有较高的素质和实践操作能力的教师对应用型人才培养具有很大的直接影响，这些素质和能力具体涵盖专业理论素质、科学文化素质、思科研能力等，所以对“双师型”教师的要求在不断提高，无论理论教学，或者是实践教学，都对教师的思想道德修养和科研教学能力提出了要求。

其五，针对职称结构进行优化。“双师型”教师应把理论和实践教学融入一体，不仅要求教师具有一定的理论水平，同时也要求他们具有相对熟练的教学能力，这就对“双师型”教师队伍的职称结构提出了明确的规定：必须在后续工作中增加“双师型”教师数量的比例，要求师资队伍的整体教学和科研能力相对较高，即教师队伍要保持合理的职称结构。

6.2.4 深入开展培训工作

地方本科院校“双师型”教师教学科研能力的提升和发展离不开学校层面提供良好的发展平台，这是教师能力整体提升的关键。为此，还需要在以下方面做出努力：

（1）培养“双师型”教师教学或者科研团队。教师教学科研团队是促进地方“双师型”教师教学科研能力发展的又一个重要途径。地方本科院校要注重教师队伍的整体“双师”结构，大力改革人事分配和管理制度，大力加强专兼结合的专业教学科研团队建设。通过组建教学科研团队，对一批优秀骨干力量进行合理整合，充分发挥其引领示范作用；同时通过团队协作攻坚，完成个人难以达到的项目和目标，让教师在团队中得到更好的学习和锻炼，使教师的教学科研能力得到较大的提高。地方本科院校为充分发挥教学团队的作用，需要从以下几个方面加大力度：

1）培养专业带头人。专业带头人往往在推动校企合作、建设高水平的专业课程、引领优秀教学文化方面发挥着重要的作用，在其带动引领下，一批优秀的“双师型”教师就会逐步成长起来。

2）通过教学科研目标导向，完善激励评价制度。尤其要构建团队合作的体制合作机制，这是地方“双师型”教学科研团队建设成功与否的关键步骤。提供资源保障，让团队建设更有目标性、有动力，同时也更有保障。

3）可参照一些院校的先进的做法，比如建立“工学互动教学科研团队”，这是解决目前地方“双师型”教师队伍建设问题的一种新路径。

（2）提供充足的发展时间和空间。通过有效开展学习培训，促进地方本科院校“双师型”教师教学科研能力的提高，需要充足的时间和空间，这是毋庸置疑的。地方本科院校“双师型”教师的学习、实践和反思总结都需要时间，学校作为资源平台必须给教师必要的时间保证。为了给教师保留更多的发展教学科研能力的时间，学校要尽可能减少地方“双师型”教师参加与教学能力发展无关的会议等活动。要尽可能给教师留出更多的专业学习和研究时间，如与同行的交流讨论与合作、自学、培训，让教师在交流学习、研讨、磨炼中增长专业知识和技能，从而发展提升教学科研能力。空间与时间相对照，但又紧密相连。地方本科院校也要给“双师型”教师提供足够的空间，让教师有更多的机会参与交流、学习、实践，拓展自己教学科研能力。具体来说，就是要提供足够的实验实训基地或场地、办公室、资料室、学习进修机构，同时包括教师的安居场所，舒适的居住环境往往能激发教师的工作和学习热情；另外还可以充分利用互联网大数据时代的便利，建立网上交流学习的平台，包括数字图书馆、微信群，QQ群、网络精品课程等。

（3）实施专业的素质提升项目。地方本科院校要有计划分批次组织“双师型”教师参加“工学交替”培训、企业顶岗实践、名师跟岗研修、国外访学研修等。“工学交替”培训是指“与工作相结合的学习”。“工学交替”是学校与企业合作，培养高素质技能型人才的有效教育模式，也是地方本科院校“双师型”教师教学科研能力提升的有效路径，同时也是当前地方本科院校教育改革与发展的主要趋向。教师通过工学交替的形式，在企业生产实践中学习相关的知识和技能，并从中吸取养分，对于促进地方“双师型”教师的成长和地方本科院校的可持续发展具有非常重要的现实意义。通过企业顶岗实践，“双师型”教师将掌握的基本理论知识与企业先进专业技术有机结合，力求做到相互融合和贯通，摒弃陈旧的知识和理论，吸收企业行业先进的专业技能，在顶岗中获得“真知”。与此同时，教师深入企业工作岗位，承担实际的生产任务，了解企业的生产流水线，进入工作车间，参与管理团队等，所有这些都不同于地方本科院校的纯理论教学。企业的实践，教师角色的改变，可以在无形中培养教师强烈的责任感和实践意识，并在赋予其知识与技能的同时，提升和改变其陈旧的教学模式与思维。名师研修主要是依托名校名师为学员建立学习平台，体验校园文化、观摩示范课、听讲座、制定教学方案、执教等。实践证明，名师研修，对于地方本科院校“双师型”教师教学科研能力和素质的提升不失为一条有效的路径。去国外访学研修主要是学习和借鉴国外地方本科院校“双师型”教师培养的先进经验、先进教学理念和科研方法，以及其他先进的做法等。实践证明，通过国外访学研修，有效吸收其营养，对于培养具有国际视野的拔尖型骨干“双师型”教师也是一条有效的路径。

（4）引导教师向专家型目标迈进。地方本科院校“双师型”教师的教学科研能力在性别、年龄、教龄、职称和学历等方面存在显著差异。一般来说，地方本科院校“双师型”教师有多种类型或者说多个层次，即新入职的“双师型”教师、经验型“双师型”教师、专家型“双师型”教师。地方本科院校要促使“双师型”教师教学能力能得到有效提升，为其专业成长提供一个良好的平台，还需要分层分类管理，引导其向专家型“双师型”教师这一目标迈进，缩小不同类型教师之间在教学能力方面的差异。

一是新入职的地方“双师型”教师。这类教师相对来说趋于年轻化，有干劲，有创新思维，但不论是理论教学还是实践教学方面都还缺乏经验，其看问题的深度和广度还停留在比较浅窄的层面，其处理教学中的问题和矛盾有时简单化，没有耐心；能开展行动学习，但缺乏指导。针对此类型的“双师型”教师，一方面，要组织经验型、专家型“双师型”教师与之结对进行帮扶，尤其是深入课堂进行点对点指导；另一方面，还要多提供培训的机会和平台。

二是经验型“双师型”教师。此类教师可能有多年的教学科研经历，积累了大量经验，年富力强，是学校教师队伍的主力，但这类教师容易得过且过，缺乏一种冲劲，创新性不足；偶尔能开展行动学习，但缺乏持续性。针对此类教师，一方面可定期开展具有重大激励和挑战性的教学比赛，让其在比赛中大显身手，同时在相互观摩中看到别人的优势和长处，激发斗志，挖掘其创造的潜力，向专家型“双师型”教师目标推进；另一方面也要提供外出学习培训的机会，让其眼界更加开阔。

三是专家型“双师型”教师。此类教师不仅经验丰富，而且功成名就，在相应领域产生了较大的影响力，并且能持续开展学习，并从中获益。针对此类教师除了在物质、精神层面给予充分保障激励让其能安心教学科研外，还要充分发挥其骨干、带头人作用，从而带动一大批教师不断向前推进。应通过完善地方“双师型”教师培养制度体系，大力强化学校整体师资队伍管理工作，强化教师实验实训能力和企业兼职教师的职业素养，提高教学科研水平，为教师的创新实践能力培养提供必要的智力支持，力争培养一支高素质、高能力的专兼结合的地方“双师型”师资队伍。

6.2.5　创新教学模式和考评机制

在当今时代大背景下，地方本科院校必须积极进行转型探索。与传统大学办学模式相比，地方本科大学要培养高水平的应用技能型人才，对人才的实践能力要求较高，这就使得转型后的地方本科院校不能再实行之前的人才培养模式，教师的教学方法和教学内容都要有所改变，因而建设“双师型”教师队伍是必然选择。

第一，要进行教学理念改革。地方本科高校要对传统的办学思路和基本理念进行调整，重新对当前的高等教育进行全面的审视，摒弃高校发展长期以来追求“高大上”规模和对职业教育的排斥观念，要高度重视转型发展的重要性和必要性。为了使地方高校转型能够更好地服务于社会大众与社会进步，要积极做好人才培养工作，充分利用产学研相结合的有效路径，将理论知识与实践操作技能培养相结合，将教学观念逐步向创新能力培养和操作实践能力引领；以学生为主，教师为主导，加强对学生独立性和终身学习的教育管理。随着培养方式和教学模式的转型，以往的照本宣科教法已无法再为学校和学生提高成效，与此同时也意味着教师的评价导向和考核内容与方式都要做出相应调整与改变。全面发挥政府和市场调控机制的功能，并全面推进需求变革，对人才强校发展战略进行科学规划，增强教师转型发展，更有效地促进教师的专业实践操作技能提升，对于高校转型具有重要意义。

第二，要完善教师评价与激励机制改革。为从根本上解决地方本科高校“双师型”教师发展方向的问题，必须积极构建与时俱进的发展型的高校“双师型”教师评价体系。因此，要对教师资格认证、高校管理和人才培养等各个方面进行完善优化。明确地方“双师型”教师培养的内容、范围、渠道和方法，是完善“双师型”教师培养的最主要的实施办法。必须对教师评价进行大幅度改革。首先，要对教师整体进行具体分类管理，对教师主动向“双师型”方向发展提升产生明显的激励性作用；着力制定“双师型”教师的职业和资格认定等相关办法，明确“双师型”教师的数量比例和对培训标准的要求，启动相关的资格认定机制，在职称评聘、评优评先等各个方面向“双师型”教师倾斜。要为教师的培训提供专项经费投入，争取与企事业单位进行校企合作共同培养合格的“双师型”教师，建立“双师型”教师教学科研的实践基地，实施“两进、一培、一参与”等相关制度，并建立相关的职业教育培训基地。充分采用多种培训手段，调动所有相关人员的积极性，让他们对高校转型发展积极认同，并进行实践教学工作，以稳定和壮大教学队伍。

由于教学质量的提升，能够对应用型人才的培养发挥重要作用，因此，在实际工作中，要求对地方“双师型”教师进行系统性分类管理，同时必须科学设计“教学型、科研型、教改型、教学＋科研型”等不同类型的教师分类管理体系，建立适应地区发展要求的人才培养模式，调动一线教师的工作热情，并对教师薪资收入进行合理分配。教学科研水平、教师基层实践训练等都可以作为激励教学科研的重要指标，如，可以把有一年以上实践经历作为教师专业技术认证和晋升依据。完善各类奖教基金管理办法，奖励在实践教学或者科研等其他方面作出较大贡献的教师，对去国（境）外大学进修的教师提供充足的经费支持，最终形成全校都努力争当“双师型”教师的大环境。

第三，实施科研模式转型。地方本科院校与研究型大学的科研侧重点不同，它应更侧重于应用理论的研究、高新技术的研发和推广及管理规范的创新，因此不能照搬研究型大学的科研模式。要立足政府、大学、产业三者的关系，积极响应国家和教育部门的号召，面向地方、服务区域经济发展进行改革创新。学校管理者要充分考虑到由于建校历史短、学术基础弱、技术创新和技术开发能力差的现实情况，扬长避短，结合自身特点制定适合本校教师的科研指导方针和规划，如可以从以往的注重高精尖技术研发的学科型科研转到教学科研上来，从原来和个别企业合作研究转到结合产业、行业力量做科研上来，将科研重点放到提升服务区域经济的科研能力上，鼓励教师将科研技术转化为生产力，服务区域经济。同时，鼓励教师队伍积极申报、承担企业的横向项目，掌握最新应用实践和工程技术，跟踪行业和企业人才的需求动态。

第四，实施管理模式转型。管理模式转型是指将学校原来的管理控制职能转变为促进教师资源合理配置和开发利用的职能，将教学质量、实验室建设、科研成果转化、校企合作、教学科研团队指导等人才培养的核心要素纳入综合考量范围。通过改变以往的封闭管理模式，引导教师形成地方应用型人才培养的价值观[9]。

6.2.6 完善教师素质培养

从师德规范、教学能力、科研能力、专业发展等四个方面构建"双师型"教师专业发展标准，对照标准完善教师培养支持体系，系统引导教师提升专业素质和能力，促进教师发展。实施师德工程、职业素养能力提升工程和教师队伍培养计划，提升"双师型"教师专业素质。实施职业教育能力提升工程，推动"双师型"教师可持续发展，促进教师师德素质、综合素质、专业水平和创新能力全面提升，地方院校教师应通过终身不断学习、研究，提升自我素质和能力，向着双师教师、骨干教师、专业带头人、名师大师的大方向成长[10]。

6.2.6.1 提高师德素养

地方院校教师的师德规范应按照教育部《新时代高校教师职业行为十项准则》要求，永远把培育良好的师德师风放在"双师型"教师能力的首位，并贯穿地方院校教师职业生涯的全过程。以立德树人为出发点，建立教育、宣传、考核、监督与奖惩相结合的师德建设长效机制。一是加强教师党支部和党员队伍建设，推动基层党组织建设、党支部标准化建设与师德建设有机融合，健全"双培养"机制。二是强化师德教育，结合新教师入职培训、中青年骨干教师培训等各类教职工培训营造崇尚师德的良好舆论环境和氛围。三是健全师德监督考核机制，完善师德激励制度，将师德师风作为教师聘用、评奖评优和职称晋升的首要条件，推行师德师风负面记录制度，建立个人信用记录，以备随时考察评估。

6.2.6.2 提升教师教育教学能力

通过开展教学设计、课堂教学、技术技能实训等方面专题培训和研究交流，提高教师的课程开发与应用能力、一体教学能力、专业实践技能、信息技术应用能力等专业素质，以国、省、校等各级技能大赛教学能力比赛为载体，促进教师教学科研能力提升。必须整合各方各级的培训资源，采取校企合作、工学交替、线上线下等组织形式，有计划、分步骤地实施多个周期的教师培训，对新入职教师、双师型教师、骨干教师、专业带头人和教学名师分层选派、分类培养。采取技能培训、跟岗学习、顶岗实践、参与产品技术研发等形式，开展教师下企业实践活动；大力加强教学科研创新团队的共同研修和协同发展，发挥名师和专业带头人的示范引领作用。

6.2.6.3 提高教师教研科研能力

为中青年教师的成长搭建更好的平台，积极鼓励中青年教师参与重要学术活动和重大项目研究，注重培养中青年骨干教师科研能力。围绕专业群对接产业链的要求，整合学校科研与技术服务力量，打造一批科研与技术服务团队，发挥学校社会服务功能。打造产教融合协同创新平台，鼓励各专业群与企业建立联合开发中心，开展技术研究、咨询和横向技术服务，共同进行科技攻关，共享成果收益。

6.2.6.4 提升教师专业发展能力

探索建立学校和行业联合培养的“双师型”教师机制，与地方企业共建“双师型”教师培训基地，不断提升教师的实践教学能力，推进企业的实践成果向教学成果转化，结合实践改进课堂教学方法，同时创新学校技术服务于企业发展的方式和途径。健全兼职教师引入制度，聘请企业高技能人才和管理人员到学校任教，大力支持兼职教师参与名师工作室建设、产学研合作研究。完善教师参与跨国界合作、跨文化交流机制，选送优秀专业教师赴境外职教先进的国家和地区访学、进修，学习前沿技术和专业建设、课程建设、教学管理的新方法；聘请国外专家来校进行讲学、技术讲座和咨询等；不断提升学校的国际国内影响力，结合学校国际交流与合作项目，对“一带一路”建设沿线国家开展人才交流与培养活动，选派优秀援外教师，支持援外教师成长发展。

6.3 教师层面“双师”素质和能力提高

“双师型”教师教学能力的影响因素除了国家和学校政策制度的支持、培养培训工作的落实、多方资源平台的支撑之外，更多的是依赖于教师自身对专业成长的不断追求。

6.3.1 深化对“双师型”教师的认识

“双师型”师资队伍的建设工作的主体是教师，建设成功与否的重要保障也是教师，因此在建设“双师型”教师队伍时，教师的态度和观念将产生至关重要的作用。2012 年国务院印发《关于加强教师队伍建设的意见》指出，到 2020 年，我国要形成一支师德高尚、业务精湛、结构合理、充满活力的高素质专业化教师队伍。要提高“双师型”教师专业化，就要提高教师素质，使教师认同“双师型”教师的理念，只有这样，“双师型”教师队伍的建设才能充满活力和动力。在地方本科院校转型的大背景下，教师要对自我发展进行重新定位。成为“双师型”教师是时代发展的必然要求。教师这个专业有它发展的特点。当个体跨入教育领域成为一名教师时，他的学习过程就开始了，在工作的前5年左右，教师处于适应工作、积累经验、形成自我风格的阶段，也是成长最为迅速的阶段，因为教师在不断地调试、提升自我。但是在5年之后，由于定势作用，教师成长速度开始明显下降，有墨守成规的倾向，如果不能及时激励自我，会逐渐与社会现实脱节，变得死板、固化。

因此，在地方本科院校中，由于教师自身观念、转型困难、学校支持力度等方面的原因，仍有部分教师并不完全认同“双师型”教师的发展理念，对向“双师型”教师转型持怀疑否定的态度，认为向“双师型”教师转型不是地方院校教师的任务。这必将阻碍“双师型”师资队伍的建设，影响地方本科院校的转型发展。因此，高校教师应该将向“双师型”教师转型作为自身发展及教师专业化的需要，认同“双师型”理念，并将其内化为前进的动力；教师必须保持不断学习的心态，分析教育改革的趋势和要求，不断提升自我能力，适应社会新需要。地方本科院校的“双师型”教师，应该发挥模范带头作用，及时了解本专业与行业的发展现状及最新技术，进一步提高理论和实践素养。具体而言，地方本科院校教师应做到以下几点。

第一，主动了解学校有关“双师型”教师的各项规定，积极为向“双师型”教师转型做出努力，提高自身的教育教学和专业知识储备，增强实践教学科研能力和对职业的认同感；地方本科院校“双师型”教师应对自己的教学理念、设计、过程、方法、效果等方面进行反复思考和反省，并与“双师型”教师的要求进行对照比较，找出自身存在的问题和差距，从而拟定未来的改进目标。

第二，积极参加学校组织的各项培训，尤其是实践能力方面的培训，使自己的实践能力得到提高，为培养优秀的应用技术型人才做好充足的准备，使自身素质不断得到提高。调查分析显示，地方本科院校“双师型”教师教学实践能力是相对薄弱的能力要素。因而，教师应该积极主动地探索、研究、分析问题和解决目前的问题，从而提升自己的教学能力。

第三，进行应用型研究，从实际出发，重视应用型科研的研究。地方本科院校处在新时代转型的大背景下，教师要对自身职业发展进行重新定位和更高级定位，成为“双师型”教师是时代发展的必然要求，也是教师的必然选择和终生追求。

第四，以项目研究提升理论素养。“双师型”教师应重视各类项目申报，包括以个人或团队名义申报的校级、省部级、国家级等各类级教学研究课题和科学研究课题，同时也包括与企业合作的横向研究课题和国际合作课题等。除了以上研究课题项目之外，学习小组成员和团队在日常教学过程中，在对教学经验进行反思基础上共同选定的攻关项目，也是“双师型”教师加强自身修炼、实施项目导向的重要内容，而且是最贴近教学实际和最为广泛的行动项目。

第五，寻求团队合作促进共同进步。为提升教学能力，地方本科院校的“双师型”教师必须主动参与团队合作。具体来说，团队合作是指地方本科院校“双师型”教师为解决实际问题而主动寻求同事或者校外同行教师或者企业相关业务骨干的合作和支持，达到共同学习、共同研究、共同实践的目的。

地方本科院校“双师型”教师教学以及实践能力的发展特别强调将“学”和“用”有机结合，在解决问题的过程中提升教学科研以及实践能力，同时提倡理论紧密结合实际，提升学习效率。加强自身素养必然成为地方本科院校“双师型”教师教学科研和实践能力提升的最根本的方式。因此，“双师型”教师队伍的建设不仅需要通过职前和职后培训，还应注重激发本校教师的内在追求，唤醒教师的发展意识，通过教师自觉的学习和实践，实现教师的专业发展，从而努力提升为“双师型”教师。

另外，地方院校需要建立完备而科学的“双师型”教师评价激励机制，促进“双师型”教师不断提升教学科研能力，提高教学质量，培养优秀全能人才。

一是完善教师评优晋级标准。一般情况下，地方本科院校教师在专业方面普遍具有较深厚的理论功底，但这并不意味着他们具有过硬的实际操作能力。地方本科院校“双师型”教师的工作不仅要求考查教师专业理论的深度和广度，更重要的还在于其实践能力的丰富与完善。地方本科院校应不断修订优化“双师型”教师评优晋级的标准，把教师的实际工作经验及工作效果作为评优晋级的重要考量条件。不应单纯以论文发表、专著出版作为衡量“双师型”教师的教学科研水平的主要标准。

二是建立完善全面的激励机制。要着力建立符合地方本科院校特点的教师绩效评价机制，绩效工资和资源分配应向“双师型”教师适当倾斜。地方本科院校要有大局观念，将学校的整体利益与“双师型”教师具体的个人利益有机结合起来，要在课题申报、学习、薪酬、评优晋级等方面给予“双师型”教师更多的支持和倾斜。

三是采用分类评价制度。在考核过程中，充分结合学科专业的类别、工作岗位的特点提出不同的评估标准和专业要求，对不同学科的“双师型”教师、不同类型的教师（包括新入职、经验型、专家型的“双师型”教师）进行合理的分类评价。这样的举措才具有针对性，才能充分调动教师的积极性，促进其不断进步，向高精尖或者实际应用等方向努力，充分调动教师积极参与实践学习，从而促进其教学科研能力，向专家型教师不断努力。

6.3.2　有效利用资源

地方本科院校当前所处的社会环境已经发生了翻天覆地的变化，教师队伍如果还是保持原来的教学模式，其知识结构、认知能力和实践能力如果未能通过学习和实践得到提高的话，那么教师队伍和学校的转型将成为一纸空谈。特别是在学校转型这个急剧变革的时期，教师队伍要想在动荡中求发展，学校管理者就要敏锐觉察内外环境的变化，及时做出调整，引导教师队伍学习新的技术技能，进行新的教学设计，使教师的教学模式适应学校转型发展的需要，助力教师队伍的转型。教师个人也应抓住这一契机，充分利用各方面资源，优化创新、自我提升。

首先，在专业知识提高方面，地方本科院校“双师型”教师应了解掌握新时代的各种新产品、新材料、新工艺、新技术、新设备，及时学习新岗位中产生的对技术、技能的新要求；在组织形式方面，地方本科院校“双师型”教师可灵活多样地采取“短期与长期学习相结合”“离职与在职相结合”的方式。尤其随着网络信息技术的兴起，应该充分利用手机电脑等进行微课、慕课、超星视频、网易公开课、爱课程等网络学习，教师也可以采取“现场与网络互补”的培训方式接受培训。

其次，在教育知识学习方面，“双师型”教师应该注意及时补充最新的科研成果和教学科研及实践方法。在我国的地方本科院校教师培养与培训中，普遍存在的现象是相关教育培训理论的研究较为薄弱、培训课程缺乏，因此地方本科院校“双师型”教师应主动学习国家组织开展的关于高等教育的前沿的专项成果，学习针对“双师型”教师培养与培训的课程，及时补充自己所授专业及相关领域的“专业教学论”及“专业教学法”，可参加现有国家级和省级教师培养培训基地的课程培训，也可参加大学组织的相关培训。

最后，向参与培训的企业或者单位的骨干人才学习，了解企业生产的实际管理体制和生产流程，教师也应积极参与产品研发与产品设计等实际操作流程。向校内实习基地的培训人员学习。一般来说，校内基地的培训人员不仅具有高超的教学讲解能力，还具有丰富的实践和工作经验。因此，参加校内培训的教师应充分利用机会，将课堂教学与实践结合起来，了解在线学习等现代化的教学方式，了解本专业所在的相关行业的就业前景、能力要求、工艺设计流程等，以便更好地给学生教学和进行操作示范[11]。

总之，要充分利用校内和社会资源，不断拓展个人视野，积极参与行业培训进修，树立终身学习的理念，全面提高自身综合素质与能力。

6.4　校企联合培养“双师型”教师

《国家中长期教育改革和发展规划纲要（2010～2020）》要求：“推进政府统

筹、校企合作、集团化办学为重点，探索部门、行业、企业参与办学的机制。”目前的高校教师下企业锻炼的时间整体偏短，为企业技术开发与服务能力和意识不足，缺乏行业中有较大影响力的带头人和教学名师，师资素质也面临“双师型”需求的严峻挑战。适应校企合作新形势的“双师型”师资队伍建设，要求学校为企业提供人才培养及技术服务等支持，企业通过各种项目引领师生投入到行业实践，以达到双方互利共赢的目的。通过校企双方共建共赢，开展多层次、多领域合作，实现校企资源的合理结合和优化配置，为共同培养社会发展需要的高端人才提供新的途径。

首先，政府部门应出台与企业参与地方教育相关的政策和制度，切实从人才培养和人才输出的角度为学校和企业减轻负担及调动企业参与的积极性。

其次，出台企业参与校企合作的国家资助标准和扶植政策，形成适合地方特点的费用分担制度，以资金资源为保障，建立企业参与地方教育的投资与补贴机制。如，对给提供教师实践机会的企业给予适当补助，提升企业参与地方“双师型”教师培养的积极性。

最后，大力推进“产学研用”的协同创新。高校与企业联合共建协同创新研究中心等，加强产学研用对接合作整合产业技术服务资源，开展“产学研用”的协同创新。企业可以协同建立高校实践基地，与高校一起联合培养高技能人才。建成培训中心和智库，促进创新与生产的有效衔接，加快推进创新和成果有效转化。探索“政府引导、校企合作、产教融合”的办学机制，形成校企联合成立学院、校企合作建厂、政校企联合建立教学与服务中心等合作模式，为提升“双师型”教师素质能力提供实践和平台保障。

6.4.1 积极推动教师到企业培训

众所周知，“双师型”教师队伍的发展建设工作是一项长期的、动态的系统性工程，要求在推进校企合作的过程中，当地高校充分结合地方经济发展特点，为教师职业发展搭建多样化平台，不断探索完善“双师型”教师队伍的建设途径，推进地方高等教育发展，提升学校办学水平和人才培养质量[12]。

第一，将校内外的实践教学和科研资源进行整合和优化。如可实施企业委托培养模式，将高校教师分批次安排到企业进行实习和锻炼，或安排企业科技人员参与一些国际项目的研发和合作，提高学校教师的实际操作技能，推进专业与课程建设和教学科研改革；引进在相关行业有丰富经验和高水平的专家与技术人员担任相应的教学工作，促进企业人员为教师进行技能传授，打通学校与企业之间的桥梁，组建同时具备理论与实践技能的教师团队。为了满足当今企业不断发展的多样化需求，满足专业教师理论知识与实践技能相联系的需要，学校应有针对性地组织各专业教师进入社会的各行各业中，丰富自身的社会经验，增加专业知识，提高教师的实践能力。学校可以在寒暑假期间安排专业教师进入企业单位，通过以上多种形式使他们及时掌握行业的第一手情况，了解行业的现状与发展趋势，更好地把理论知识与实践结合，提高自身素质。学校还可以通过实施相关规定提高专业教师的“双师”素质，如规定在评定职称和职务时，需要有在相关行业企业中 1 ~2 年的实践经验。

第二，可以将专业教师分派到各培训基地进行专门培训，并对获得专业技能证书的教师进行奖励，以此来激励教师们不断充实自己的知识的愿望，掌握相关技能，增强自身教学科研以及实践能力[13]。

第三，要让学生和老师共同去企业的一线环境中进行提高学习，使产学研更好地融合。学校可以利用假期安排老师与学生进入行业企业，到相关企业通过上岗实操等多种形式进行历练，提高其工作经验和技能，丰富自身的专业知识。学校也可以从行业企业等用人单位进行选拔，将具备丰富专业知识与经验技能的专家请进学校，与学生和老师开展互动，把理论知识与实践技能结合，在向学生传授理论知识与技能知识的同时，也对在岗的专业教师进行相关培训，为学生和老师的实践经验累积与创新创业提供更多途径与综合服务，推进“双师型”师资队伍的培养与建设，不断更新老师的知识理论体系和学生的学习观念，使师生掌握更多的专业实践技能，实现“双师型”师资队伍引进与培养的充分结合。

第四，要着重研发新一代的实训基地和科目。地方院校要分批分次有条理地带动教师去相关部门批准的“双师型”实训基地进行培训培养，聘请专业教师、专家和一些相关的优秀技术人员，构成专门的教员体系，在寒暑假或是其他时间对教师进行定期分批培训。（1）实训基地的管理方式应当多样化。现行的地方院校的实训基地模式大多较为单一，应当继续推进管理模式的多样化，建立更多适应各地学校发展需求的实训基地。而一些行业内领先、专业性较强的实训基地，可以利用现有的条件对自身进行补充和完善，依据现在的地方本科学校的师生培养的共同特征进行全面改革，使其成为地方院校对教师进行培养的重要场所。(2）防止实训基地投资主体单一化。改革以往仅仅依靠政府拨款的单一化形式，推进社会、政府、企业、学校投资主体的多元化的投资形式，实行共享资源、共享理念的创新型建设，寻找一条校企合作、多渠道融资的道路。实训基地在学校的发展历程中的作用十分重要，学校应该增加对实训基地以及实验教学的投入和经费，积极发挥人才的主观能动性，加强全社会对学校的信赖程度。

第五，着力建立“产、学、研”一体化。“产、学、研”结合就是将生产、教学以及科研三者合一，以加强生产、发展新技术新工艺和相关应用来促进教学的发展。在信息技术高度发展的今天，不能把教学作为脱离实践的一部分单独发展，而应把教学科研渗入经济基础建设的实际过程当中，不仅能够成为新经济时期学校实训基地的重要保证，同时大力增强教师的科学研究精神和创新创造实力。相关生产部门和科研基地应当与地方学校共同合作，大力推进实训基地和实验场所的建设，发展长处，减少短板。为地方学校的学生开展实训工作和进行相关培训及有关科研单位进行试验提供有利条件，积极利用实训基地的先进的科学技术和高科技的设备器材，继续推进应用项目、科学成果、生产技术、科技咨询的开发和研究，形成“产、学、研”一体的良性循环模式并积极探索相关的运行机制和教学培训的道路。

6.4.2 完善教师进企业实践锻炼办法

由于目前我国市场经济体制还处于发展阶段，市场调节作用未充分发挥，教师到企业实践锻炼的长效机制并未建立起来，使得教师进企业锻炼过程不顺利、实施不深入、成效不显著。为解决上述问题，政府、企业、学校可以尝试合作共建“校企共同体”。“校企共同体”是我国校企合作实践的一种新模式，是指政府为企业和学校实施政策导引，促进校企合作，学校与区域主导产业的主流企业以协议形式协同建设以合作为基础，以共赢为目标，相互开放，相互联系，相互依赖，相互促进的利益共同体。校企共同体要求校企双方在规划、组织、建设、管理方面共同商讨实施，取得合作成果时，双方共享成果；面临风险时，双方共同分担[14]。

“校企共同体”既是一种新型的校企合作模式，也是一个利益实体。它不同于以往只强调让企业单方奉献，而是将企业追求人才储备、技术职称、培训开发的利益和学校追求教师和学生实践能力提升的利益集合起来，为双方的利益寻求交叉和平衡，追求双方共赢。政府在校企共同体中担当桥梁作用，促成校企合作，其资金和政策支持为三方合作提供坚实保障，体制机制创新是校企共同体能够持续发展的条件与保障。校企共同体可以很好地解决以往校企合作学校热情、企业冷淡的情况，让企业全程参与学校人才培养，让企业共同参与人才培养方案的制定，让学校与企业在课程体系设立、教学内容、实训基地建设和师资培训等方面进行全方位合作[15]。

为达到上述目标，政府、企业、学校要做好以下具体工作。

6.4.2.1 政府层面要建立专门协调机构

高校教师到企业实践的长效政策性机制是确保教师进企业的制度保障，然而目前我国并未建立该项工作的长效机制。为大力推动校企合作，强化校方和企业共同培养教师实践技能，政府应出台相关校企合作教育法，在法律框架下建立实施体系，并将政府、学校、企业三方的权利和义务明确规定下来。政府可以推动学校和大中型企业建立“双师型”教育师资培养基地，并且积极探索应用型师资定向培养制度，实践“学历教育 + 企业实训”的培养办法[16]。

政府可以依据《国家中长期教育改革和发展规划纲要（2010～2020年）》，结合当地实际，制定相应的地方性法规，保障校企合作。一是政府推动“双师”培养基地建设。地方政府应主动与发展得较好的地方大型企业、公司建立联系，明确企业应当负担起支持教育事业发展的责任，鼓励校企共建“双师”培训基地。企业也应该积极主动邀请和接纳教师到企业挂职。二是由政府牵头签订校企合作协议书。以往校企合作不畅主要是由于只是校企双方参与，在权利义务方面界限不清、权责不明，导致在具体合作中出现具体工作无法落实的情况。由政府出面作为第三方来推动校企签订合作协议书，可以很好地解决这个问题。政府可以寻求当地运营较好、专业对口的企业的支持，安排其和学校校企合作部门进行商谈，签订校企合作协议书。协议书应该将校企双方的权利、义务规定清楚，涉及挂职岗位、工作内容、安全保障、时间安排等相关内容。三是政府采取校企合作的奖励措施。如对积极接收教师培训，并且成效显著的企业进行表彰；对于积极支持教师挂职锻炼、服务应用型人才培养的企业给予财政、资金融通等方面的扶持政策，并适当实行税收减免，从而激励更多的企业深度参与“双师型”教师的培养。四是建立教师定期深入企业的制度并严格监管落实。政府推动可以让教师了解最新的生产工艺和技术，让企业获得智力支持和经济效益。而且通过政府监管执行情况，可以防止教师进企业锻炼流于形式，使教师在政策引导和监管下获得进企业锻炼的机会和益处，使其培养的学生毕业后能迅速适应行业、企业的需要。

6.4.2.2　企业层面要转变企业观念

当前世界经济出现低速增长趋势，我国企业也面临着前所未有的压力。在我国经济转型大背景下，企业在转型升级中经济压力巨大，使之支持学校建设的积极性有所降低。大部分企业认为教师挂职锻炼提供岗位，指派专门人员对教师进行指导，会增加企业的人力成本。他们并没有认识到企业是教育发展的受益者，投资教育就是投资企业未来的人力资源。因此，企业应树立正确的企业价值观，认识到地方本科院校提供的人力资源与技术支持是地方产业升级的重要推动力量，企业的内涵式发展也需要地方本科院校的鼎力支持。

一是在员工培训、技术攻关、产品研发等方面，企业通过加强与新建地方本科院校的交流与合作，可以获得更好的智力支持。通过接收教师实践锻炼，可以让企业更容易接触到最新知识，与世界接轨；教师就企业发展和技术方面提出合理建议，可促进企业发展；企业可以通过校企共同体平台主动寻找经济增长点，在人才培训、项目开发、产学研转化等方面利用学校各项资源创造价值。

二是通过接收教师进企业锻炼，可以让企业更好地参与学校的课程开发。企业与教师共同开发、共同设计课程项目与教材，共同拟定人才培养计划，能更好地培养出适应企业需求的毕业生。通过接纳教师企业挂职，可以让学生在校就掌握企业所需的技能，拥有技能的学生今后进入企业工作可以迅速达到岗位要求，从而可以减少企业入职培训成本。教师通过进企业锻炼和校企合作课程开发，可以加深对职业能力结构的认识，更好地具备生产岗位的实践能力，从而提高实践教学能力。此外，有经验和能力的挂职教师还可以发挥教育经验丰富的优势，为企业员工进行企业文化、理论知识方面的培训。

三是通过接纳教师锻炼，可以方便企业和学校建立良好的合作关系，让学生有更多机会了解企业，优先考虑到企业就业，可以有效解决企业招工难问题。尤其是地方本科院校与校企合作企业大多同处一地，企业可谓“近水楼台先得月”，通过接纳教师到企业锻炼可以吸收更多的优秀毕业生到企业来服务。

6.4.2.3 学校层面，要完善教师进企业锻炼制度

培养应用型人才的目标决定了地方本科院校要将“校企合作、工学结合”作为教师队伍转型发展的重要途径之一。当前教师进企业锻炼的制度不够完善，停留在粗线条的指导性文件，没有全面详细的规定。学校对于“双师型”教师到企业实践，要注重成效，不能走形式、走过场。既要进行引导，让教师认识到进企业锻炼的重要性，树立正确的实践观；又要加强相关的制度建设，进行制度保障。

首先要帮助教师树立正确的实践锻炼观。学校要通过宣讲、政策指引等方式让教师树立正确的实践锻炼观，教师要正确认识下企业的目的是通过提高自身技术技能从而更好地提高自己和学生的动手能力和实践能力，提高学生进入劳动力市场的竞争能力。教师要意识到，进企业锻炼的工作场所是教师进行职后教育的重要学习场所。在企业锻炼可以使教师身临职业场域，接触生产技术和产品，学习生产一线的经验和技能，了解企业文化和市场，获得从书本和学校无法获得的实践技能。教师可以通过实践锻炼来检验自己教学内容是否紧扣当前生产实际，是否适应时代背景和企业对人才的需要。教师在挂职锻炼中体会和觉察课堂教学和实践教学的不足，同时得到技术创新、课题研发的机会。教师要转变观念，虚心向技术工人和企业员工学习实践技能，不断提高自身的竞争力，不能把下企业锻炼看作是应付学校的要求和为了完成学校任务，而是要从提高自身的专业发展角度去看待企业挂职锻炼。同时，要注重选择与专业相关的、有利于提高实践教学和专业发展的工作内容。

其次要完善学校的相关制度。目前没有专门的文件对地方本科院校教师下企业锻炼进行规定。地方本科院校教师每年均有繁重的教学任务，比较现实的办法是让专业课教师在授课之余根据自身工作安排参加专项培训，参照学校教师进企业锻炼的做法，让教师5年内集中半年进企业锻炼。此外，学校可以制订教师进

企业锻炼的具体规章制度，将进企业锻炼作为教师职称评审、职务晋升、选送培训的必备条件。对已经发布了《教师到企业实践锻炼实施办法》的学校，要充分发挥教师能动性，积极参与到该办法的实践中来。对没有制定相关办法的学校，应在广泛征求教师意见，进行深入细致的调研后对教师进企业锻炼做出制度规定。同时，要有专项经费保障支持教师进企业进行锻炼，如学校要对教师与企业合作申请的项目给予充足的经费保障，积极鼓励教师申报应用性研究项目，并给予经费支持。学校要对教师进企业锻炼的成效进行准确、科学的评价，将“双师型”教师进企业锻炼的成效与教师的薪酬挂钩，给予下企业锻炼的教师交通、生活方面的专项补贴，对于下企业锻炼成效好的教师给予专门的奖励。

再次，校企双方要共同制定有关教师进企业锻炼的整体方案。以往的做法是，教师进企业锻炼通常都是由学校单方面决策部署，然后教师按照学校要求联系企业进行实践锻炼。这种做法的弊端是学校单方面制定的方案内容与企业的人员需求、生产周期和标准要求等方面不一致，进而产生时间冲突及其他方面的障碍，同时存在实践锻炼的内容不切实际、挂职岗位与教学相关性不高的情况。因此，可以将原有的由学校单独决策的做法转为校企合作共同研究、共同决策、共同培养。邀请企业专家和学校师资管理部门一起成立“教师转型指导委员会”，校企共同研究、共同制定教师培养方案和教师进企业锻炼方案，既让教师对接对口企业更容易，教师实践锻炼的内容更贴近企业生产的需要和应用型人才培养的需求；又让教师队伍在校企互动、良性发展的良好氛围中更有效地实施转型发展。校企共同制定教师进企业锻炼方案，一方面让教师了解最新的专业动态和行业、企业需求，让教师能有机会选择与本专业教学契合度高的实践岗位；另一方面，企业可让挂职教师成为自己的“智囊团”，让教师参与企业生产研发和运营管理，教师在实践中提高双师素质，实现校企双赢[17]。

最后，还可以尝试成立校企资源共享的实训基地，大胆采用隶属合作及股份合作形式构建“校中企”及“企中校”，鼓励企业向学校和教师实践开放生产、经营实践场所，提供全方位的教师实践条件。总之，地方本科院校要实现教师队伍成功转型，必须把进企业锻炼贯穿教师的整个职业生涯，从入职后一直坚持不定期安排教师进企业，进行专业对口的职业训练。很多职业的工作任务只能在生产实践中熟悉，工作经验也只能深入企业才能获得，因此学校要将教师进企业锻炼的做法贯穿教师队伍职前和职后的全过程，让教师“从适应到成长，从成长到成熟”，成为转型需要的“双师型”教师；划拨专门经费，要为教师进企业锻炼解决后顾之忧。如，在教师进企业锻炼期间，教师的工作待遇和薪酬应保持不变，或者将教师进企业锻炼的时间折算成课时，并承担教师进企业锻炼产生的全部成本（如交通、食宿等），让教师在经济上有保障，无后顾之忧，也让企业无负担，乐于接收教师进企业锻炼。

6.4.3 行业参与监督指导

从部分发达国家教师的发展经验来看，“行业指导委员会”或“行管行业协会”这些机构在推进地方教育发展的过程中起着重要的作用。其作用主要体现在以下两个方面：（1）根据社会发展需求，对企业和地方院校提供科学的指导；（2）维持、管理和完善企业发展、推动校企联合培养教师、健全培训秩序等[18]。可借鉴西方高等院校教师建设的先进经验，建立行业委员会等教师校外指导和管理机构。同时，学校也应鼓励企业与高校之间进行积极合作，以行业协会等为中介，加强信息的沟通和教师管理，积极推进“双师型”教师队伍建设。

本书通过对国外经验的借鉴，从政府、院校、教师和企业四个主体层次，提出了对“双师型”教师队伍进行监督管理的策略。教师队伍的建设是内外部因素合力作用的结果，只有在政府的宏观调控下，院校积极采取师资建设举措，教师自身主动提高自身的教学和实践能力，校企联合创造师资培训平台，才能促进教师的顺利转型，才能建设一批综合素质高且兼具教学和实践能力的师资队伍。

6.5 结语

在新时代背景下，高等教育改革迎来了新的发展契机，“双师型”教师队伍建设也迎来了新的发展机遇，习近平总书记为我国教育事业规划了宏伟壮阔的蓝图，时代赋予了高等教育更丰富的内涵，在高等教育发展的大变革中，习总书记多次强调提高教师地位，并对教育事业发展提出了新的要求，为新时代教师赋予了新的使命。高校应该立足全新的时代方位，坚持兴教必先强师的理念，准确把握新时代高校教师队伍建设的新特征，积极推进高校“双师型”教师队伍建设，建设一支高素质、高水平的教师队伍，焕发出高等院校的新生机。

随着高等教育新一轮结构改革和体系调整越来越深入，地方本科院校向应用技术型院校转型成为当下社会最为关注的教育热点问题，而“双师型”教师队伍建设在地方本科转型院校中起到举足轻重的作用。因此，建设一支具备高素质的“双师型”教师队伍是当前地方本科院校转型过程中必须予以重视的问题。然而，由于当前转型院校尚处于转型的初期，学校内部各个方面都有转型的困难，“双师型”教师作为学校重要的一个环节，自然在转型过程中也存在许多问题。

促进地方本科高校“双师型”教师的转型并不是短时间能够解决的，需要政府、学校、教师和企业进行多方合作，而且还要经历“双师型”教师操作实践能力的锻炼和培训等必要阶段。以培养适应地区建设发展需要的人才为目标，建设一支结构合理、理论水平与实践能力都拔尖的，适应新时代要求的“双师型”教师队伍，有着重要的理论和实践意义。地方“双师型”教师队伍的建设在教育教学中培养学生多种技能，提高学生的实践能力，不仅改变了传统的重理论轻技能的教学模式，而且提升了地方高校教师的教学和科研水平。科研成果来源于实践，也应该服务于实践。可通过产教研结合的“双师型”教师素质培养计划，加强学校与各行业之间的结合，有效提升教师高新技术开发和应用研究等科研能力，专业建设能力和创新创业能力，使地方高校的师资队伍达到专业素养高、教学科研水平高、实践服务能力强的可持续性发展目标。

因此，解决以上问题，必须提出可行的建议及对策：首先，发挥政府的导向作用。包括政策导向和物质投入等。其次，要完善学校的制度体系和培养机制。包括既要完善有关“双师型”教师的资格认证体系，也要健全相应的人事制度与激励机制；加强“双师型”教师的专业化培训、加大专项经费的投入，以及完善“双师型”教师管理制度。再次，必须规范“双师型”教师人才培养管理。切实提高“双师型”教师的综合素质。最后，需要搭建校企运作平台。不仅要建立学校与企业的合作机制，更要转变企业观念，创建校企共建“双师型”教师的新路径。

总之，信息化的社会，政府出台的宏观管理政策与社会的各行各业有着不可分割的紧密联系，牵动着各方的相关利益。地方本科大学的建设必须符合时代发展的需求，这是高等教育改革与发展的大方向与必然趋势。地方本科院校建设面临的问题相对复杂，涉及整个高等教育系统结构的调整，要求高校必须进行科学的分类；涉及合理、有效的办学方式，融高等教育为一体，创新产学研合作激励机制；涉及招生考试制度的深化与改革，需要建立符合地方本科院校发展的法律法规；涉及“双师型”教师队伍的建设，需要构建专门的教学科研团队，以保障合理的师资结构，为培育全面技术型人才打下良好的基础。此外，还要调动各方面社会力量，激发市场活力，为高校增加一定的竞争压力。在借鉴世界发达国家大学建设经验的基础上，要探索适合我国地方院校发展的有效政策，力求在体系、机制上相互呼应、配套，系统思考、整体推进，促进大学与社会互动，顺应多元化发展，加强国际教育合作，建设具有中国特色的地方本科院校。

参 考 文 献

[1] 刘青，曹仁清．论高校“双师型”师资队伍建设问题及其路径——以强化实践动手能力为导向［J］．浙江工业大学学报（社会科学版），2012（3）：249～252.

[2] 杨扬，武鹤，刘海苹，等．基于校校、校企合作的双师型教师队伍建设的探索与实践［J］．高等建筑教育，2014（3）：11～12.

[3] 张应强．从政府与大学的关系看地方本科高校转型发展［J］．江苏高教，2014（6）：6～10.

[4] 陈啸，储常连，吕静．关于高等教育分类研究若干问题的思考——兼论科学构建应用性高等教育体系［J］．中国高教研究，2010（12）：27～32.

[5] 陈斌．建设应用技术大学的逻辑与困境［J］．中国高教研究，2014（8）：85.

[6] 潘懋元．理论自觉与实践建构：高等教育的历史与未来［M］．北京：北京师范大学出版社，2014：534.

[7] 张妙弟，江小明．关于应用性大学“大学圈”问题的初步研究［C］//北京联合大学“建设应用性大学”研讨会论文集，2004：1～6.

[8] 潘懋元．高等学校分类与定位问题［J］．复旦教育论坛，2003（3）：7.

[9] 杨妍，李立群．基于应用型人才培养的地方本科院校师资队伍建设策略［J］．职业技术教育，2014（5）：76～78.

[10] 李平．基于教师专业发展的高职院校“双师型”教师队伍建设研究［J］．教育现代化，2019（93）：98～100.

[11] 姚贵平．加强“双师型”专业教师队伍建设的思考［J］．职教论坛，2001，(6)：17～18.

[12] 王天姿．地方本科高校“双师型”教师队伍建设的实证研究［D］．沈阳：沈阳师范大学，2018.

[13] 徐学兰．地方应用型本科院校“双师型”教师培养问题探究［J］．教育探索，2012（12）：102～103.

[14] 叶鉴铭．校企共赢我们在路上——校企共同体实践研究［M］．北京：光明日报出版社，2012：7.

[15] 贾文胜，梁宁森．基于校企共同体的高职院校“双师型”教师队伍建设［J］．中国高教研究，2015（1）：92～95.

[16] 教育部、国家发展改革委、财政部、人力资源社会保障部、农业部、国务院扶贫办．现代职业教育体系建设规划（2014～2020年）［EB/OL］．http：//www.moe.gov.cn/srcsite/A03/moe_1892/moe_630/201406/t20140623_170737.html，2014-06-23.

[17] 唐卫红．高职院校“双师型”教师认定标准及其队伍建设［J］．教育与职业，2014（11）：81～82.

[18] 李梦卿．多维视域下“双师型”教师队伍建设路径研究［D］．武汉：湖北工业大学，2014.

附　　录

附录1　地方本科院校“双师型”教师队伍建设情况调查问卷

尊敬的老师：

您好！感谢您拨冗参与我们关于地方本科院校“双师型”教师队伍建设情况的问卷调查，我们承诺您填写的结果将仅用于满足学术研究的需要，隐私性信息绝对不会泄露。在此，我们恳请您根据情况如实填写，以保证获取数据信息的真实有效性，对您的合作我们表示由衷的感谢！

一、基本信息

1. 您的性别是（　　）

A. 男　　B. 女

2. 您的年龄是（　　）

A. 30岁以下　　B. 31~39岁　　C. 40~49岁　　D. 50岁以上

3. 您的学历是（　　）

A. 大专　　B. 本科　　C. 硕士　　D. 博士

4. 您的职称是（　　）

A. 助教　　B. 讲师　　C. 副教授　　D. 教授

5. 您所在的学科为（　　）

A. 文科　　B. 工科　　C. 理科

二、双师型教师队伍建设情况

6. 除了高校教师资格证以外，您拥有其他相关专业的国家、行业职业资格证书或等级证书（　　）

A. 1个　　B. 2~3个　　C. 3个以上　　D. 没有

7. 您考取其他职业资格证的缘由主要是（　　）（可多选）

A. 学校政策的统一要求　　B. 提升自身素质的需要

C. 职称晋升的需要　　D. 工作岗位的需要

E. 其他

8. 您对“双师型”教师的认证标准（　　）

A. 非常了解　　B. 比较了解
C. 一般　　D. 不太了解
E. 不了解

9. 您认为自己与“双师型”教师的差距体现在（可多选）（　　）
A. 理论教学能力
B. 实践教学能力
C. 技术创新、科研成果转化及社会服务能力
D. 课程开发能力
E. 管理能力
F. 行业联系及职业指导能力
G. 其他

10. 您选择成为“双师型”教师的途径是（可多选）（　　）
A. 取得专业技术职称或者资格证书
B. 进入企业实习
C. 参加教育部组织的教师专业技能培训且获得合格证书
D. 主持、参加应用型课题研究，并取得显著成果
E. 其他

11. 您所在的学校与企事业单位开展的校企合作在人才培养上（　　）
A. 非常紧密，效果明显　　B. 比较紧密，有所成效
C. 合作有名无实，效果不明显　　D. 合作很困难，企业没有积极性
E. 不清楚

12. 您认为赴企事业单位锻炼的困难是（可多选）（　　）
A. 教学任务繁重　　B. 家庭负担繁重
C. 缺少经费支持或经费太少　　D. 与福利待遇缺乏关联
E. 兼职业绩考核压力大　　F. 其他

13. 借助兼职锻炼或者项目合作，您感到自身的应用型素质提升（　　）（没有实习经历不作答）
A. 非常大　　B. 比较大
C. 一般　　D. 不太大
E. 没有变

14. 您所在学校，培养“双师型”教师的途径有（　　）（可多选）
A. 鼓励教师获得专业技术职称或考取其他资格证
B. 学校组织短期培训班
C. 鼓励教师赴企业实习、挂职锻炼
D. 鼓励教师参与、主持应用型科研项目

E. 直接引进“双师型”教师

F. 其他

15. 您认为学校有关“双师型”教师的培养措施（　　）

A. 非常合理　　B. 比较合理

C. 一般　　D. 不太合理

E. 非常不合理

16. 学校有关“双师型”教师的激励政策有（　　）（可多选）

A. 参加职称或资格考试报销其费用

B. 在评职称、晋升方面同等情况下优先考虑“双师型”教师

C. 赴企业实习给予适当津贴补助

D. 其他

17. 学校有关“双师型”教师的激励政策对您的吸引程度（　　）

A. 非常大　　B. 比较大

C. 一般　　D. 不太大

E. 没有吸引力

18. 您对“双师型”教师的考核、评价机制（　　）

A. 非常满意　　B. 比较满意

C. 一般　　D. 不满意

E. 非常不满意

19. 针对“双师型”教师，学校后续的职业发展规划（　　）

A. 非常健全　　B. 比较健全

C. 一般　　D. 不太健全

E. 不健全

20. 您认为学校在选派教师到企事业单位挂职锻炼，聘请相关行业、产业领域专家到学校兼职授课等“双师型”教师队伍建设方面的制度建立（　　）

A. 非常重视　　B. 比较重视

C. 一般　　D. 不很重视

E. 不重视

21. 您认为学校在“双师型”教师队伍建设中存在哪些不足？希望学校怎样改进？

附录2 地方本科院校“双师型”教师队伍建设情况访谈提纲

1. 您如何认识“双师型”教师？您认为您符合“双师型”教师的标准吗？

2. 您如何获得“双师型”资格？这种资格对您的教学、科研工作影响程度如何？

3. 您认为您所在的学校在“双师型”教师队伍建设中取得了哪些先进的经验？

4. 您认为您所在的学校在“双师型”教师队伍建设中存在的主要问题在哪里？

5. 您认为学校在加强“双师型”教师的培养过程中，如何才能与企事业单位形成良好的合作关系？

6. 您认为地方本科院校和高职高专院校在“双师型”教师的培养中，工作的侧重点有什么区别？应该注意什么问题？